ROM

MARTINA KLIEM

Der perfekte
MÄDELSURLAUB

BRUCKMANN

Inhalt

Alle Wege ...

Kunst, Kultur, Architektur,
Mode, Dolce Vita –
die Ewige Stadt ist ein Hit!

Ein ganzes Leben würde nicht ausreichen, um Rom zu erkunden! Die »Ewige Stadt« ist ein einziges Freiluftmuseum, ihre Bauwerke und Kunstschätze sind weltberühmt. Mit etwa 3,3 Millionen Einwohnern ist die quirlige, vitale Hauptstadt Italiens eine der bedeutendsten Metropolen Europas, beherbergt mit dem Vatikan den kleinsten unabhängigen Staat der Welt und gilt vielen als die schönste Stadt der Erde.

Trotz aufregender Modewochen, unzähliger Kulturveranstaltungen und toller Lokale hätte Rom so viel »Beiwerk« eigentlich gar nicht nötig. Allein die romantischen Gassen und weltbekannten Monumente wie Spanische Treppe, Kolosseum, Piazza Navona und Trevi-Brunnen machen Rom unwiderstehlich. Das wissen auch die stolzen Römer, die bei dieser Gelegenheit gerne Amors Pfeile abschießen – nicht ohne Grund liest Roma sich rückwärts Amor.

Doch auch bei Mädels ohne Flirtambitionen kann *Caput mundi*, die Welthauptstadt, mit einer Fülle von Eindrücken punkten. Der Sage nach wurde Rom von dem nach seiner Geburt ausgesetzten Zwillingspaar Romulus und Remus, das von einer römischen Wölfin gesäugt wurde, im Jahr 753 v. Chr. auf dem Palatin gegründet. Nirgendwo kann man sich einen besseren Überblick über die ganze Pracht und Herrlichkeit verschaffen wie auf einem der sieben Hügel, auf denen Rom erbaut ist.

Auch ein Spaziergang durch die eleganten und dabei so unterschiedlichen römischen Parks ist ein einmaliges Erlebnis. Zwischen Museen und antiken Villen lässt es sich hier inmitten der hektischen Großstadt wunderbar entspannen und spätestens, wenn man es sich wie die Einheimischen mit einem Stück Pizza und einer Flasche Wein auf der Wiese bequem gemacht hat, weiß man, was Dolce Vita, wörtlich übersetzt »das süße Leben«, wirklich bedeutet.

Trotzdem gibt es natürlich nichts Schöneres als mit Freundinnen durch die Läden der internationalen Modemetropole zu bummeln, angefangen bei der langen Via del Corso im Zentrum über die Via Condotti mit ihren exklusiven Seitenstraßen bis hin zur Topadresse für alle Fashion Victims, der Via Cola di Rienzo im Westen, unweit des Petersdoms. *Alla fine* noch ein besonderer Tipp: Neben frischem Gemüse und Obst kann man auf den berühmten römischen Straßenmärkten auch trendige Mode, Schmuck, Schuhe und Accessoires, die oft den aktuellen Designerkollektionen nachempfunden sind, zu unheimlich günstigen Preisen erstehen. Hier hat man wirklich die Qual der Wahl!

In Rom dreht sich außerdem sehr viel ums Essen – kein Wunder, die italienische Küche gehört schließlich zu den besten der Welt! An den schönsten, originellsten Orten findet man hier Restaurants und Bars aller Art und in sämtlichen Preisklassen. Danach empfiehlt sich ein Espresso *in piedi* – typisch römisch – im Stehen, an der Bar. Dabei fachsimpelt der Römer genauso leidenschaftlich über Politik wie über den Fußball seines AS Rom, und dann heißt es »Ci vediamo!« – wir sehen uns!

Ganz Rom ist eine einzige große Familie und bei Weitem nicht so anonym wie andere Großstädte. Wenn man etwas Geduld mitbringt und sich auf die lockere, gelassene Lebensart der Italiener einlässt, kann man hier überall neue Freundschaften schließen, denn Rom ist eine Stadt mit Herz und stets offen für Neues. Wieder zu Hause wird man sehnsüchtig an diesen überwältigenden, magischen Ort zurückdenken und schon die nächste Reise nach Rom planen – in die Vergangenheit, die Gegenwart und die Zukunft!

Ponte Milvio
Flaminio
Trieste
Salario
Villa Ada (Villa Savoia)
Catacombe di S. Priscilla
Villa Borghese
Galleria Nazionale d'Arte Moderna
Galleria Borghese
Giardino Zoologico
Museo di Villa Giulia
Galoppatoio
Musei Vaticani
CITTÀ DEL VATICANO
Castel S. Angelo
Museo Nazionale Romano
Biblioteca Nazionale
Città Universitaria
Trevi
Villa Mellini, Osservatorio Astronomico e Museo
Flaminio
Lepanto
Ottaviano-S. Pietro
Spagna
Barberini
Termini
Castro Pretorio
Policlinico
Karte 1 – S. 80-113
S. 12-49
S. 50-79
S. 144-175
Tevere
Via Flaminia
Via Salaria
Via Nomentana
Via del Corso
Viale Regina Margherita
Corso d'Italia
Via XX Settembre
Viale Giuseppe Mazzini
Lungotevere Flaminio
Viale delle Belle Arti
Viale Bruno Buozzi
Via Po
Via Veneto
Via Pinciana
Corso Trieste
Viale Eritrea

Karte 2 – S. 80-113
Karte 1 – S. 114-143
Karte 2 – S. 114-143
Monte Gianicolo
Palazzo Corsini
Campidoglio
Colosseo
Santa Prassede
Aqua Claudia
M. Palatino
Monte Celio
Terme di Caracalla
Piramide di Caio Cestio
Via Appia Antica
Ostia Antica
Trastevere
Gianicolense
Circo Massimo
Piramide C. C.
Tevere
Villa Abamelek
Villa Farnesina
Foro Romano
Domus Aurea
Piazza del Colosseo
Via Labicana
Via di S. Giovanni in Laterano
San Giovanni in Laterano
Via dei Cerchi
Via del Circo Massimo
V. d. Terme di Caracalla
Viale Aventino
Via Marmorata
Viale Marco Polo
Via di Donna Olimpia
Circonvallazione Gianicolense
Viale di Trastevere
Via Cavour
Via Merulana
Via di Porta S. Sebastiano
Porta Latina
Porta S. Sebastiano
Porta Ardeatina
Arco di Traiano
Staz. Roma Ostiense FS
Air Terminal
0 500 m

Das Zentrum

Die Altstadt und das charakteristische jüdische Viertel – Sightseeing und Shopping

Rom ist in 155 Stadtbereiche gegliedert. Das *Centro storico*, die Altstadt, gehört zum ersten von vier Stadtbezirken und ist ein einziges großes Freilichtmuseum. In keiner Stadt findet man auf kleinstem Raum so viele Monumente und Sehenswürdigkeiten, die alle problemlos zu Fuß erreichbar sind. Die Piazza Navona zählt zu den schönsten Plätzen der Welt, während das berühmte Pantheon mit einer einzigartigen Kuppel aufwartet. Und was wäre Rom ohne sein grandioses Forum Romanum oder das imposante Kolosseum, Wahrzeichen der Stadt und größtes Amphitheater der Welt? An der Piazza Venezia kann man zudem die »Schreibmaschine«, das beeindruckende Denkmal von Vittorio Emanuele II., bewundern.

Die beliebteste Shoppingadresse im Zentrum ist neben der exklusiven Via Condotti die Via del Corso mit ihren diversen Seitenstraßen. Sie führt von der Piazza Venezia zur Piazza del Popolo und kann am Wochenende ziemlich voll werden, denn sie dient den Römern auch als Flaniermeile. Praktisch: Beim Einkaufsbummel kommt man automatisch an den bekanntesten Sehenswürdigkeiten der Stadt vorbei. Sightseeing und Shopping lassen sich so problemlos miteinander kombinieren. Zwischendurch laden an jeder Ecke Restaurants und Cafés zum Verweilen ein. Nicht zu vergessen die kleinen, individuellen Geschäfte und Ateliers rings um den herrlichen Campo de' Fiori, von wo aus man zu einem Spaziergang durch das idyllische jüdische Viertel Ghetto aufbrechen kann. Zwischen den süßen Tante-Emma-Lädchen wähnt man sich hier mitten in der hektischen Altstadt in einer anderen, längst vergangenen Zeit.

Wer dann müde geworden ist, kann in einer der schönsten Parkanlagen Roms, der Villa Borghese oberhalb der Piazza del Popolo, eine Rast einlegen oder sich auf der Spanischen Treppe ausruhen, von der es nicht mehr weit ist zum bezaubernden Trevi-Brunnen.

Kultur
Shopping
Restaurant
Wellness
Ausgehen
Übernachten
N
0 100 m
Piazza Cola di Rienzo
Valadier
Visconti
Lungotevere dei Mellini
Casa di Goethe
Old Soccer
Que te pongo?
Piazza Ferro di Cavallo
V. A.Canova
'Gusto
Ara Pacis
Mausoleo di Augusto
L.go Lomb
Via di Ripetta
Largo d. Schiavoni
Via Ennio
Via Q. Cassiodoro
Via Tacito
Via M. Dionigi
Via M. Clementi
Cavallini
V. B. Pistrucci
V. d. Cosmati
Via P.
Piazza Cavour
Via V. Colonna
Via Ulpiano
V. L. Calamatta
V. P. Mercuri
Ponte Cavour
Pza. del Porto di Ripetta
Via Tomacelli
V. dell'Arancio
Pal. Borghese
V. M. d'Oro
Piazza Adriana
Parco Adriano
Palazzo di Giustizia
Pza. d. Tribunali
Via Triboniano
Castel S. Angelo
Largo Mutilati e Invalidi di Guerra
Lung. Prati
Ponte Umberto I
Lung. Marzio
Pza. Nicosia
Pza. Cardelli
V. d. Clementino
OBICÀ
V. Tornetta
V. d. Lupa
Campo Marzio
Prefetti
Fanda
Pza. Pia
L. Vaticano
Lung. Castello
Tevere
Ponte S. Angelo
L'Orso 80
La Cabala
V. dell'Orso
Ciao Checca
Vic. Valdina
Via Zanardelli
V. d. Soldati
Acquasparta
Vic. Campana
Quellilà della Bottega Artigiana
Via d. Scrofa
Le Nuage
V. Metastasio
G'local Boutique
V. U. d. Vicario
Pte. V. Eman. II
L. d. Altoviti
L. d. Fiorentini
Lung. Tor di Nona
V. Tor di Nona
Pza. S.S. in Lauro
V. d. Vecchiarelli
V. d. Mastro
Via d. Panico
V. Paola
Pza. P. Paoli
V. d. S. Spirito
V. d. B. S.
Vic. d. Curato
V. M. d'Oro
Pza. Tor Sanguigna
Via dei Coronari
Pza. S. Agostino
Maccheroni
V. d. Maddalena
V. Guardiola
V. S. G. d'Arco
Vino e Camino
Likeat
V. Acciaioli
Ponte
Via Domizio
Pal. Taverna
V. d. Vetrina
V. Monte vecchio
Chiostro del Bramante
San Luigi dei Francesi
Degli Effetti
Tazza d'Oro
Pza. d. Rotonda
V. d. Banchi N.
V. d. Cimatori
Vic. d. Palle
L.go dei Fiorentini
V. G. Giraud
V. d. Monte Giordano
V. d. Corallo
Too Much
Piazza Navona
V. d. Salvatore
Corso del Rinascimento
Sal. de' Crescenzi
Delia
Que te pongo?
V. Staderari
Panth
Palazzo Sacchetti
Vic. Sugarelli
V. d. Banchi Vecchi
Corso Vittorio
Fluid
V. Parione
Parione
Miscellanea
Lung. d. Sangallo
V. d. Bresciani
Via
Vic. Cellini
V. d. Cartari
Pza. della Chiesa Nuova
Vic. d. Gov. Vecchio
Tempi Moderni
Pza. Pasquino
Baffetto
V. Savelli
Vic. d. Cancelleria
Cul de Sac
V. Melone
Pigna
V. Monterone
V. di S. Chiara
Pza. d. Minerva
Il Goccetto
Via del Pellegrino
V. Sora
Emanuele II
Museo di Roma
Pza. S. Andrea d. Valle
Shari Vari
Lungotevere Gianicolense
Via della Lungara
Via Giulia
Regola
Lgo. L. Perosi
L'Insalata Ricca
Corso Vittorio
Largo Torre Argentina
Via Torre Argentina
Ponte G. Mazzini
Lung.
V. S. Eligio
V. d. Barchetta
Monserrato
Picta
Forno Campo de' Fiori
Albergo del Sole
V. d. Sudario
Sant'Andrea della Valle
Emanuele
V. S. Nicola de' C.
Lungotevere dei
DADADA
V. d. Chiavari
Via di S. Francesco di Sales
V. d. Penitenza
Vic. d. Penitenza
Via della Lungara
Lungotevere della Farnesina
Pal. Falconieri
Via Giulia
V. d. Mascherone
V. d. Balestrari
Vic. d. Grotte
V. d. Giubbonari
Dar Filettaro
V. d. S. Anna
Paganica
Villa Farnesina
Chiesa di Santa Maria dell'Orazione e Morte
V. d. Polverone
V. Capo di Ferro
V. d. Falegnami
Via dei Riari
Farnesina
Tebaldi
Galleria Spada
V. d. Pettinari
Open Baladin
V. d. Specchi
Pza. B. Cairoli
V. S. M. d. Pianto
S. Ang
Pal. Corsini, Gal. Naz. d'Arte Antica
Borini
Santo Calzature
Pza. S. Vinc. Pallotti
Via d. Conservatorio
Pza. S. P. alla Regola
Pza. d. Cinque Scole
V. Corsini
Villa Torlonia
Vic. Moroni
V. di Ponte Sisto
Ponte Sisto
Lung. d. Vallati
Zoccolette
Via Arenula
V. S. Bart. de'Vaccinari
V. Benedetta
Pza. Trilussa
0,75 Zerosettantacinque

Babette, Il Margutta
Villa Medici
Fiorentini, Trollbeads
Art Cafè
Via Lazio
Via Sicilia
Via Toscana
Via Boncompagni
Ciampini
V. di S. Sebastianello
V. Alibert
Via Lombardia
Via Emilia
Via Aurora
Via Marche
Ludovisi
Via Piemonte
Dermastir
Piazza di Spagna
Spagna
Trinità dei Monti
S. Isidoro
V. Cadore
Via Liguria
Hard Rock Cafe
Via Lucullo
Via Umbria
Via Croce
Caffè Greco
Via Bocca di Leone
V. Carrozze
Font. d. Barc.
Hotel Scalinata di Spagna
Via Gregoriana
Femme Sistina
La Fenice
Via degli Artisti
V. Veneto
V. Versilia
V. Molise
Via Leonida Bissolati
Basilio
V. G. Carducci
La Feltrinelli
V. Condotti
Borgognona
Pza. Mignanelli
Osteria Barberini
V. d. Purificazione
Via Sistina
Teatro dell'Opera
L.go S. Susanna
Belsiana
Leone
Fewoitalia
Gregory's
V. d. Cappuccini
Font. d. Api
V. S. Nicola da Tolentino
S. Susanna
Gilda
Pza. Barberini
Barberini
Font. di Tritone
Casa Romana
Wellness-Inn
V. d. Gambero
V. S. Andrea d. Fratte
Pal. Barberini (Gall. Naz. D'Arte Antica)
Colonna
Largo d. Tritone
V. Boccaccio
Rasella
Trevi
V. d. Convertite
Pza. S. Silvestro
V. d. Pozzetto
V. d. Bufalo
Via dei
Via d. Quattro Fontane
Palazzo Massimo
V. S. Claudio
Pza. S. Claudio
Via del Tritone
V. d. Maroniti
Giardini
Teatro dell'Opera
Via Poli
V. d. Stamperia
Via d. Panetteria
V. in Arcione
Giardino del Quirinale
S. Carlo alle Quattro Fontane
Galleria Alberto Sordi
V. S. Maria in Via
Fontana di Trevi
Pza. Colonna
V. d. Sabini
V. dei Crociferi
Pza.d. Trevi
V. S. Vincenzo
Mus. Naz. d. Paste Alim.
Via Piacenza
Salotto 42
V. d. Pietra
Via d. Muratte
Vic. d. Babuccio
V. d. Dataria
Vicolo Scanderbeg
S. Andrea al Quirinale
V. Ferrara
V. Genova
Via Venezia
Pizzeria Mediterranea
V. Minghetti
V. d. Vergini
Teatro Quirino
Umiltà
Vic. Monticello
V. Lucchesi
Salita Montecavallo
Via d. Quirinale
Pal. delle Esposizioni
Nazionale
Caravita
Via del Corso
V. C. Romano
Via dell'
V. d. Archetto
Pza. d. Pilotta
Via d. Consulta
Vic. Mazzarino
Via Parma
Sant' Ignazio
Via Ss. Apostoli
V. Lata
Pal. Odescalchi
Pza. Ss. Apostoli
Museo delle Cere
Villa Colonna
Via d. Pilotta
Via XXIV Maggio
Teatro Eliseo
Vic. d. Serpenti
Via dei Serpenti
Palazzo Massimo
Galleria Doria Pamphilj
Vic. d. Piombo
Hotel Mancino 12
Le Gallinelle
Colpo di Tacco
Le Gallinelle
Via del
Charity Cafè
Black Market
Via d. Gatta
V. C. Battisti
Via IV Novembre
Hotel Cosmopolita
Via Mazzarino
Banca d'Italia
Tina Sondergaard
Panisperna
V. Cimarra
V. Capocci
Via Plebiscito
Piazza Venezia
Prefettura
Hotel Grifo
Ai Tre Scalini
Pal. di Venezia
Pza. Mad. di Loreto
Via Boschetto
Neò Shop
V. d. Astalli
Gesù
Pza. S. Marco
Col. di Traiano
Sal. del Grillo
Santi Domenico e Sisto
Pifebo
V. S. Agata d. Goti
V. d. Grifone
Cavour
Lgo. Venosta
V. S. Marco
Monumento Nazionale a Vittorio Emanuele II
Via Alessandrina
V. d. Ibernesi
V. Baccina
V. d. Garofano
V. Agnello
Ara coeli
V. S. Venanzio
V. Trib. di Tor de'Specchi
Pza. d'Ara coeli
S. Maria in Aracoeli
S. P. in Carcere
Via dei Fori
Foro di Cesare
Ice Club
V. Tor de' Conti
V. M.
Made in Rome
Via dei Monti
Via Cavour
Ciuri Ciuri
S. Pietro in Vincoli
Fiddler's Elbow
Pza. d. Campidoglio
Via Tulliano
Via Imperiali
V. Buon Consiglio
Via Frangipane
V. d. Cardello
V. Eudossiana
Via del Teatro di Marcello
Via d. Villa Caffarelli
Campidoglio
Centro Storico
Foro Romano
Alecci e Di Paola
V. del Colosseo
V. delle Carine
V. della Polveriera
Hotel Luzzatti
Pal. dei Conservatori
Musei Capitolini
V. d. Consolazione
V. in Miranda
Kolbe Hotel
Colosseo
Caffè Propaganda
Bocca della Verità
Circo Massimo
Colosseo

Kultur

Die ganze Altstadt ist ein Museum! Als einstiger Nabel eines Weltreichs kann Rom mit einer Fülle von Kunstschätzen aufwarten. An jeder Ecke stößt man auf spektakuläre Bauwerke und Sehenswürdigkeiten wie Pantheon, Campidoglio oder Vittoriano, und in den romantischen Gassen findet man an vielen Häusern Hinweistafeln zu ihren berühmten ehemaligen Bewohnern. Kunstliebhaber kommen im Palazzo Massimo und in diversen anderen Museen im Zentrum auf ihre Kosten, und Ausstellungsmuffeln bietet die römische Altstadt mit ihren antiken Obelisken und märchenhaften Brunnen Unmengen an Fotomotiven. Hinzu kommt noch der Schönwetterbonus, denn Sightseeing bei Sonnenschein ist Wellness für die Seele.

* Ara Pacis

In diesem Museum kann man den **Friedensaltar** des Kaisers Augustus mit seinem noch weitgehend erhaltenen Reliefschmuck bestaunen. Die 2005 fertiggestellte Hülle von Stararchitekt Richard Meier zählt bis heute zu den umstrittensten Bauwerken der Stadt. Vor einigen Jahren veranstaltete Valentino im Museumsbau eine Retrospektive, bei der sämtliche roten Kleider des Modeschöpfers ausgestellt wurden.

Lungotevere in Augusta • Metro: Spagna • +39 06/06 08 • www.arapacis.it • Di–So 9–19 Uhr • 9 €

Don't miss

Die niedliche Bar mit Tischen im Freien, die zum Chiostro del Bramante gehört und auch ohne Museumsbesuch einen herrlichen Blick auf den wunderschönen antiken Innenhof bietet.

* Bocca della Verità

Im Vorraum der Kirche Santa Maria in Cosmedin steht eine alte **Brunnenabdeckung** mit einem schauerlichen Gesicht. Einem Lügner, der die Hand in diesen »Mund der Wahrheit« steckt, wird selbige angeblich abgebissen. Man achte auf den wunderschönen romanischen Glockenturm. Was viele nicht

Der Ara Pacis besticht durch seine Details. Wer es ganz genau wissen möchte, kann gut und gerne Stunden damit zubringen, all die filigranen Reliefs zu betrachten.

wissen: In der Kirche liegen die Reliquien von San Valentino, vielleicht bringt's ja Glück.

Piazza Bocca della Verità • Metro: Circo Massimo • Tgl. 9.30–17 Uhr • Eintritt frei

Campidoglio

Die Kapitolinischen Museen gelten als erste öffentliche Museen der Welt. Der **Kapitolshügel** birgt eine Fülle von antiken Kunstschätzen, z. B. das bronzene Reiterstandbild des Mark Aurel oder die Kapitolinische Wölfin aus der Etruskerzeit. Michelangelo höchstselbst entwarf den beeindruckenden Kapitolsplatz, und in der Gemäldegalerie kann man Werke von Tintoretto, Tizian und Rubens bewundern.

Piazza del Campidoglio 1 • Metro: Colosseo • +39 06/06 08 • www.museicapitolini.org • Di–So 9–21 Uhr • 11–13 €

Casa di Goethe

In den Räumen, die Johann Wolfgang von Goethe während seiner Italienreise (1786–1788) in Rom bewohnte, befindet sich seit 1997 die Casa di Goethe, das einzige **deutsche Museum** im Ausland. »Man spricht Deutsch«, und die Mitarbeiterinnen ste-

↑ *Die Casa di Goethe ist ein Mekka für Literaturfans. Der berühmte Dichter ist hier sehr präsent.*

hen jederzeit mit Infos rund um Rom (und Goethe) zur Verfügung. Abends finden hier öfters Veranstaltungen statt.

Via del Corso 18 • Metro: Flaminio • +39 06/32 65 04 12 • www.casadigoethe.it • Di–So 10–18 Uhr • 3–5 €

Chiostro del Bramante

Eines der schönsten und vielseitigsten **Museen** Roms, unweit der Piazza Navona gleich hinter der deutschen Kirche Santa Maria dell'Anima gelegen. Es lohnen sich nicht nur die aktuellen internationalen Ausstellungen – in der Kirche Santa Maria della Pace, die vom Museum mitverwaltet wird, kann man zudem Raffaels *Sibyllen* bestaunen.

! Ein Morgen im Herzen von Rom

Bei einem morgendlichen Espresso das Markttreiben am Campo de' Fiori zu beobachten, ist der perfekte Start in den Tag! In den typischen Gässchen rings um den Platz herrscht eine ganz eigene Stimmung, besonders in der romantischen Via dei Cappellari (»Hutmacherstraße«) mit ihren Handwerksbetrieben. Von der Via dei Baullari, die vom Campo wegführt, gelangt man in einigen Minuten Fußweg zur berühmten Piazza Navona mit ihren herrlichen Barockbauten, vor denen sich Straßenkünstler tummeln.

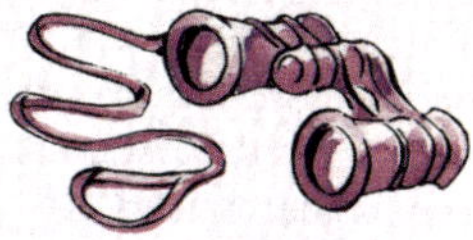

Von dort aus schlendern wir ein paar Hundert Meter weiter zum Pantheon (S. 21), einem der am besten erhaltenen Bauwerke der römischen Antike. In den kleinen Seitengässchen mit ihren originellen Läden gibt es immer etwas zu entdecken, bevor man sich im »Della Palma« (S. 37) zwischen über hundert verschiedenen Eissorten entscheiden darf!

Einige Gassen weiter erhebt sich auf der Piazza Colonna der Palazzo Chigi, Amtssitz des italienischen Ministerpräsidenten. Stünden davor nicht regelmäßig ein paar Politiker herum, die von Journalisten interviewt werden, man würde ihn nicht als Regierungsgebäude erkennen. Vor uns liegt jetzt die lange Via del Corso, von der wir rechts in die berühmte Via Condotti abbiegen, eine der exklusivsten Straßen Roms. Sie führt geradewegs zur Spanischen Treppe, die übrigens auch »Abschlepptreppe« genannt wird, denn hier warten viele Römer auf ihre Opfer.

Oben angekommen, steht man vor der Trinità dei Monti, der zweiten französischen Nationalkirche Roms. Hier lädt die gleichnamige Straße links zu einer wunderbaren Aussicht über die Dächer Roms ein, bis man am Ende der Straße hinunterblickt auf die Piazza del Popolo. Dort kann der Einkaufsbummel losgehen, oder man entspannt sich noch ein wenig im angrenzenden Park der Villa Borghese.

Vicolo Arco della Pace 5 · Bus 30, 70 · +39 06/68 80 90 35, +39 06/68 80 90 36 · www.chiostrodelbramante.it · Mo–Fr 10–20, Sa, So 10–21 Uhr · ab 8 €

✳ Circo Massimo

Mit 600 Metern Gesamtlänge und 140 Metern Breite gilt der bekannteste Circus im antiken Rom als **größte Sportanlage aller Zeiten**. Wer den Circus Maximus gegen Abend besucht, sollte unbedingt eine Kulturpause im Pub »0,75« einlegen, ab 18 Uhr gibt es dort zur Happy Hour ein exzellentes Büfett gratis!

Via del Circo Massimo · Metro: Colosseo

✳ Colosseo

Das Kolosseum, größtes **Amphitheater** der Welt, war in der Antike Schauplatz von *Panem et circenses* (»Brot und Spiele«) und gilt als Paradebeispiel römischer Baukunst. Erst 313 n. Chr. schaffte Kaiser Konstantin I. die grausamen Gladiatorenspektakel ab. Um lange Warteschlagen zu vermeiden, sollte man die Tickets unbedingt vorab online kaufen!

Piazza del Colosseo · Metro: Colosseo · +39 06/39 96 77 00 · www.archeoroma.beniculturali.it · Tgl. 8.30 Uhr–1 Std. vor Sonnenuntergang · 12 €

✳ Fandango

Das etwas andere **Museum**! Fandango ist ein kleiner Treffpunkt für Ausstellungen, Film- und Theatervorstellungen sowie Buchpräsentationen. Der Eintritt ist frei und die lichtdurchflutete Bar lädt zum Ausruhen oder ausgedehnten Lesen (ohne Aufpreis) ein. Interessantes Publikum.

Via dei Prefetti 22 · Metro: Spagna · +39 06/97 27 66 14 · www.fandangoincontro.it · Di–So 10–21 Uhr

✳ Fontana di Trevi

Der wohl schönste **Brunnen** Italiens ist ein echter Touristenmagnet. Am besten hebt man ihn sich für den späten Abend auf, dann ist weniger los, und er wird von Scheinwerfern wunderschön angestrahlt. Die Legende besagt, dass nach Rom zurückkehren wird, wer eine Münze ins Becken wirft.

Piazza di Trevi · Metro: Barberini

Don't miss

Die zwölf Obelisken, die die schönsten Plätze in Rom schmücken. Stolz prangen sie u. a. vor dem Petersdom, dem Parlament, dem Pantheon, an der Piazza Navona und an der Piazza del Popolo.

Ja sind wir denn in Berlin? Nein, die imposante »Schreibmaschine« zieren seit 1927 sogar gleich zwei Bronze-Quadrigen.

✳ Foro Romano

Roms ehemaliger »Marktplatz« galt in der Antike als Machtzentrum des gesamten römischen Weltreiches. Heute sind vom politischen, wirtschaftlichen und religiösen Mittelpunkt der Stadt nur noch **Ruinen** übrig, diese sind zum Teil jedoch erstaunlich gut erhalten.

Via della Salara Vecchia 5/6 · Metro: Colosseo · +39 06/06 08 · Tgl. 8.30 Uhr–1 Std. vor Sonnenuntergang · 12 €

✳ Galleria Doria Pamphilj

Der herrliche Adelspalast Palazzo Doria Pamphilj birgt die gleichnamige Galleria und wartet mit **Künstlern von Tizian bis Caravaggio** auf. Im »Caffè Doria« lässt sich anschließend in noblem Ambiente ein Cappuccino genießen, und man muss dazu nicht im Museum gewesen sein.

Via del Corso 305 · Metro: Flaminio · +39 06/679 73 23 · www.dopart.it · Tgl. 10–19 Uhr · 11 €

Don't miss

Die zugehörigen Bars der Museen, auch wenn man kein riesiger Kultur-Fan ist. Das Ambiente ist immer ausgesprochen nett, und man bekommt auch hier einen ersten Eindruck.

✳ Monumento Nazionale a Vittorio Emanuele II

Der »Altar des Vaterlandes«, das imposante **Nationaldenkmal** zu Ehren von König Vittorio Emanuele II., heißt im Volksmund wegen seiner Form auch »Die Schreibmaschine« oder kurz *Vittoriano*. Im Museum läuft eine Dauerausstellung zu den Italienischen Unabhängigkeitskriegen. Tipp: Den Aufzug auf der Rückseite des Gebäudes nehmen und einen fantastischen Ausblick auf Rom genießen!

Piazza Venezia · Metro: Colosseo · +39/678 06 64 · www.060608.it · Tgl. 9.30–17.30 Uhr (Sommer), 9.30–16.30 Uhr (Winter) · 7 €

✳ Palazzo Massimo

Für Kunstfans! Das **Museum** in einem Renaissancepalast besticht durch wunderschöne Fresken und Wandmalereien, etwa aus dem Gartensaal der Villa di Livia. Außerdem gibt es Skulpturen, Reliefs und Mosaiken aus Roms Kaiserzeit und im Keller eine große Münzsammlung zu besichtigen.

Piazza dei Cinquecento/Largo di Villa Peretti 67 • Metro: Repubblica • +39 06/48 02 01 • www.archeoroma.beniculturali.it • Di–Do 9–19.45 Uhr • 7 €

Pantheon

Ein Muss für jeden Rom-Besucher! Der einstige Tempel dient seit 609 n. Chr. als **Kirche** und gilt als am besten erhaltenes Bauwerk der römischen Antike. Architektonisch besonders beeindruckend ist die enorme Kuppel, deren Betonwände dank der beigemischten Materialien nach oben hin immer dünner und leichter werden. Sie ist größer als die Kuppel des Petersdoms!

Piazza della Rotonda • Metro: Spagna • Mo–Sa 9–19.30, So 9–18 Uhr • Eintritt frei

San Luigi dei Francesi

In der Contarelli-Kapelle der zwischen 1518 und 1589 errichteten **französischen Nationalkirche** – König Ludwig IX. von Frankreich geweiht – sind drei Gemälde von Caravaggio zu sehen. Die Orgel über dem Hauptportal aus dem Jahr 1879 stammt von dem deutschen Orgelbauer Joseph Merklin.

Piazza di San Luigi de' Francesi • Metro: Spagna • +39 06/668 82 71 • www.saintlouis-rome.net • Mo–Mi, So 10–12.30, 15–19, Do 10–12.30 Uhr • Eintritt frei

Die imposante Säulenvorhalle des Pantheons führt den Blick nach oben in den Himmel – einmalig! →

Shopping

Rom ist ein Shoppingparadies! Die meisten Designerboutiquen liegen direkt an der Spanischen Treppe, wo über den Schaufenstern von mehreren Dutzend Geschäften die Namen weltbekannter Fashion-Labels prangen. Eine Pflichtadresse für Fans von Luxusmode ist die Via Condotti. Zweimal im Jahr wird die noble Shoppingmeile zur Kulisse von Roms Modewoche, der berühmten »AltaRomAltaModa«. Trends zu erschwinglichen Preisen findet man in der Via del Corso, der Via del Tritone oder der Via Nazionale, wo vor allem die großen Bekleidungsketten zu Hause sind. Individualistinnen kommen bei einem Bummel rund ums Pantheon und den Campo de' Fiori auf ihre Kosten, und im Szeneviertel Monti gibt es zahlreiche Ateliers mit Maßanfertigungen zu attraktiven Preisen. Nicht zu vergessen sind die sehenswerten *Mercatini*, Roms Straßenmärkte!

✳ Alecci e Di Paola

Recycling hat sich in Italien in den letzten Jahren zum Design-Trend entwickelt. Die beiden sympathischen **Interior-Designer** Fabio Alecci und Walter Di Paola kreieren schon seit über 14 Jahren aus gebrauchten Plastikflaschen u. a. Schmuck, Accessoires und Lampen in allen Farben und Formen.

Via del Cardello 14 • Metro: Cavour • +39 06/482 50 48 • Mo–Sa 11–20, So 16–20 Uhr

✳ Borini

Denkt man an Shopping in Rom, fallen einem natürlich zuallererst Schuhe ein, denn Italien ist weltweit berühmt für sein Lederhandwerk. Der elegante **Schuhladen** im jüdischen Viertel Ghetto verkauft feinste Maßanfertigungen zu fairen Preisen, deshalb muss man auch schon mal länger warten. Aber es lohnt sich!

Via dei Pettinari 86 • Metro: Colosseo • +39 06/687 56 70 • Mo 15.30–19.30, Di–Sa 9–13, 15.40–19.30 Uhr

✳ Carla G.

Elegant-klassische Mode à la Armani, die jedoch das Budget schont. Wer ein elegantes, nicht zu auffälliges Abendoutfit sucht, liegt hier genau richtig. Es gibt in Rom mehrere Filialen, sollte man hier also die passende Größe nicht finden, hat man vielleicht woanders Glück.

Corso Vittorio Emanuele II · Metro: Flaminio · +39 06/679 46 89 · www.carlag.it · Mo–Fr 10–20 Uhr

✳ Colpo di Tacco

Im trendigen Stadtviertel Monti verkauft Colpoditacco (auf Deutsch: »Hackenschlag«) **Schuhe und Handtaschen**. Besonders interessant ist die Kollektion WoWo, was für *Working Woman* steht: Die hochwertigen Ledertaschen sind im Stil der 1950er-Jahre gehalten, mit einer Klappe für Visitenkarten, Innenfächern, in die das Tablet – passt und einem besonderen Clou: einem Fach für den Regenschirm.

Via del Boschetto 15a · Metro: Cavour · +39/34 85 99 69 39 · www.colpoditacco.net · Mo–Sa 9–19.30 Uhr

✳ DADADA

Die cool und elegant eingerichtete Boutique ist eine echte Entdeckung. Drei Worte beschreiben die **trendigen Einzelstücke** und Accessoires: farbig, lebendig und feminin! Tolle Mode im Stil der 1950er-Jahre, die unter den jungen Römerinnen sehr beliebt ist.

Via dei Giubbonari 52 · Bus 116 · +39 06/68 13 91 62 · www.dadada.eu · Mo 15.30–19.30, Di–Sa 9–13, 15.40–19.30 Uhr

✳ Degli Effeti

Hollywood lässt grüßen! In dem coolen Designerladen unweit der Via del Corso hat man gute Chancen, dem einen oder anderen Promi über den Weg zu laufen, denn auch US-Filmstars lieben italienische Mode. Ein Besuch lohnt allein schon wegen des geschmackvollen Interieurs. Die **exklusive Boutique** ist natürlich nichts für den kleinen Geldbeutel!

Piazza Capranica 93 · Bus 30, 70, 116 · +39 06/679 02 02 · www.deglieffeti.eu · Mo–Sa 10–14, 15–19.30 Uhr

✳ Fiorentini

In seinem urigen Laden mitten in der Künstlerstraße Via Margutta graviert Signor Sandro originelle Sprüche auf **Marmortäfelchen**, und das schon ab 15 € – wenn es nicht zu kompliziert ist und man ein bisschen Zeit mitbringt, auch auf Deutsch. Da freuen sich die Eltern!

Via Margutta 53b · Metro: Spagna · +39 06/320 76 60 · Mo–Sa 9–19.30 Uhr

✳ Galleria Alberto Sordi

Die **Shopping-Galerie** aus dem 19. Jahrhundert mit ihren gigantischen Kristalllüstern und dem gewölbten Glasdach ist absolut sehenswert. Sie wurde nach dem populären, vor ein paar Jahren verstorbenen Schauspieler Alberto Sordi benannt und beherbergt diverse Geschäfte, darunter Modelabels wie ZARA.

Piazza Colonna · Metro: Spagna · +39 06/69 19 29 07 69 · www.galleriaalbertosordi.it · Mo–Fr 8.30–21, Sa 8.30–22, So 9.30–19.30 Uhr

✳ G'local Boutique

Die Philosophie des attraktiven Eigentümers lautet: Die richtige Kleidung hat positiven Einfluss auf unsere Stimmung. In der hübschen **Boutique** gibt es tolle Klamotten und traumhaften Schmuck – die Ohrringe möchte man am liebsten gleich alle mitnehmen!

Piazza in Campo Marzio 8 · Bus 116 · +39 06/683 25 62 · www.g-localboutique.com · Tgl. 9.30–19.30 Uhr

Geht gar nicht

Klassische Kaufhäuser. Die gibt es in Rom ohnehin kaum, und die meisten führen nur Kleidung und Parfum. Die Römer ziehen kleine, familiäre Geschäfte vor, und das solltet Ihr auch tun!

✳ La Feltrinelli

Hier wird man immer fündig, und wenn es nur ein origineller Bleistift oder ein Lesezeichen ist. Roms bekannteste internationale **Buchhandlung** führt eine große Auswahl an fremdsprachiger Literatur und im Untergeschoss zahlreiche Sprach- und Wörterbücher. Am Largo Argentino befindet sich eine weitere Filiale, zwar ohne internationale Abteilung, aber dafür mit einem Café.

Via Vittorio Emanuele Orlando 84 · Bus 46, 40 · +39 06/487 01 71 · www.lafeltrinelli.it · Mo 15.30–19.30, Di–Sa 9–13, 15.40–19.30 Uhr

✳ Le Gallinelle

Empfehlenswerte Adresse für **maßgeschneiderte Mode**. Hier findet man sowohl einfache als auch trendige Klamotten zu fairen Preisen. Man kann im Atelier zwischen verschiedenen Modellen und Stoffen wählen und in ein, zwei Tagen ist das individuelle Stück dann fertig. Die Preise liegen zwischen 60 und 120 €.

Via Panisperna 61 und Via del Boschetto 22 · Metro: Cavour · +39 06/ 488 10 17 · www.legallinelle.it · Mo–Sa 10.30–20 Uhr

Neō Shop

Der modern eingerichtete Laden im Stadtteil Monti ist etwas ganz Besonderes, denn hier liegen handgestrickte **Handtaschen, Körbe und Schmuck aus Neopren** in den Regalen, die übrigens auch im MoMa und im Guggenheim-Museum in New York ausgestellt werden. Sollte der Koffer schon voll sein, kann man die coolen Accessoires auch online kaufen.

Via degli Zingari 18 · Metro: Cavour · +39 06/48 91 35 44 · www.neoshopneo.com/de · Di–Sa 11–20, So 16–20 Uhr

Old Soccer

Ein Vintage-Trikot des AS Rom oder ein HSV-Leibchen aus Uwe Seelers Zeiten für den sportbegeisterten Partner, Bruder oder Sohn gesucht? In diesem originellen Laden dreht sich alles um König **Fußball**, und sollte das gewünschte Teil einmal nicht vorrätig sein, besteht auch die Möglichkeit, online zu bestellen.

Via di Ripetta 30 · Metro: Flaminio · www.oldsoccer.it · Tgl. 10–20 Uhr

↑ *Wer noch Platz im Koffer hat, findet im »Picta« edle Mitbringsel* per la casa.

Picta

In dem entzückenden **Porzellangeschäft** in der Nähe des Campo de' Fiori findet man wunderschöne, handbemalte Espressotassen und vieles mehr. Die Besitzerin ist eine wahre Künstlerin, und wenn man mehrere Stücke kauft, gibt es schon mal Rabatt – einfach nach *Sconto* fragen.

Via dei Cappellari 11 · Metro: Flaminio · +39 06/68 30 02 48 · www.pictaporcellane.it · Mo 15–19.30, Di–Sa 10–19.30 Uhr

Pifebo

Auch römische Studenten haben kein üppiges Budget, und so ist im Szeneviertel Monti der attraktive **Vintage-Shop** Pifebo entstanden, der inzwischen

nebst Audrey-Hepburn-Brillen und Flower-Power-Kleidchen eine eigene Sonnenbrillen-Kollektion führt. Alle Teile wurden mit großer Sorgfalt ausgesucht.

Via dei Serpenti 141 · Metro: Cavour · +39 06/89 01 52 04 · www.pifebo.com · Mo 16–20, Di–Sa 11–15 Uhr

Quellilã della Bottega Artigiana

Der kleine, bezaubernde Laden ist ein Paradies für Schmuckliebhaber. Er bietet tollen, handgemachten **Silber- und Messingschmuck** – originell, aber nicht original, sonst wäre der Schmuck im Etruskerstil wohl unbezahlbar. Wenn Ihr beim Einkaufen hier diesen Reiseführer vorzeigt, bekommt Ihr übrigens Rabatt!

Via della Scrofa 49 · Bus 116 · +39 06/ 689 24 14 · www.quellila.com · Mo–Sa 10–20, So 15–20 Uhr

Santo Calzature

Santo ist *die* Adresse für feinste Schuhe »made in Italy«. In dem eleganten **Schuhgeschäft** gibt es Modelle für jede Altersklasse, von sportlichen Sandalen über hübsche Ballerinas und klassische Pumps bis hin zu hippen Stiefeletten oder bunt gemusterten Boots.

Piazza Benedetto Cairoli 106 · Metro: Spagna · +39 06/556 63 04 · www.santocalzatureroma.eu · Mo 12–19, Di–Sa 10–19, So 11–19 Uhr

Tempi Moderni

Unweit der Piazza Navona wartet dieser kleine, aber gut sortierte Laden mit **Klamotten und Accessoires im Retro-Look** auf Besucher. Hier findet man Ketten und Armbänder im 1960er-Jahre-Stil, schräge Krawatten für den Freund und hippe Täschchen. Zauberhafte Ohrringe gibt es schon ab 20 €.

Via del Governo Vecchio 108 · Bus 40, 46 · +39 06/687 70 07 · Mo–Sa 10–13.30, 15–19.30 Uhr, im Juli Mo geschl.

Tina Sondergaard

Im Szeneviertel Monti wimmelt es von trendigen Ateliers, darunter das von Tina Sondergaard. In ihrer attraktiven, eleganten Boutique verkauft die Designerin fröhliche **Mode im Stil der 1950er- und**

1960er-Jahre. Die Stücke kosten zwischen 70 und 200 €. Tolle Schuhe zum Kombinieren gibt's auch!

Via del Boschetto 1d · Metro: Cavour · +39/33 43 85 07 99 · Mo–Sa 10.30–19.30 Uhr

Too Much

Kleiner, kultiger Laden ganz in der Nähe der Piazza Navona, der allen möglichen **Krimskrams** verkauft – egal, ob ausgefallene Klodeckel, originelle Schlüsselanhänger oder knallbunt verzierte Stifte, hier findet man bestimmt ein witziges Mitbringsel.

Via Santa Maria dell'Anima 29 · Bus 30, 70 · +39 06/68 30 11 87 · www.toomuch.it · Mo–Sa 12–1, So 16–20 Uhr

Trollbeads

Ein maßgeschneidertes **Armband** als Erinnerung aus Rom! Im exklusiven Trollbeads Flagship Store im Herzen der Stadt bleiben keine Wünsche offen. Ob elegant oder sportlich, aus Gold, Silber, Glas, Stein oder einfach nur aus Stoff bzw. Leder, hier findet jeder ein Schätzchen fürs Handgelenk!

Via Margutta 83b · Metro: Spagna · +39 06/321 72 85 · www.trollbeads.com · Mo 15.30–19.30, Di–Sa 10–19 Uhr

Traumhafter Modeschmuck alla romana, *also (fast) römisch: Im »Quellilà« hat man die Qual der Wahl.* →

Restaurants & Cafés

Für die Italiener ist Essen gleichbedeutend mit geselligem Beisammensein, und das dauert mindestens drei Gänge, oft auch schon zur Mittagszeit. »Richtig« essen die Römer aber nicht vor 21 Uhr, und im Zentrum warten zahlreiche Pasta- und Pizzalokale mit den klassischen römischen Nudelgerichten wie *Carbonara* oder *all'Amatriciana* auf. Inzwischen bieten viele Happy-Hour-Lokale ab ca. 18 Uhr zum Preis eines Getränks reichhaltige Gratisbüfetts an, was abgesehen von der kulinarischen Vielfalt auch eine gesellige Sache sein kann: Sollte man Lust haben, ein bisschen Italienisch zu lernen, kommt man beim gemeinsamen Wandern ums Büfett vielleicht mit dem einen oder anderen Einheimischen ins Gespräch.

* Babette

In der wunderschönen Künstlergasse an der Spanischen Treppe liegt dieses hübsche **italienische Restaurant** der mittleren bis gehobenen Preisklasse. Mittags gibt es hier einen fantastischen Brunch, zu dem am Wochenende noch köstliche *Dolci*, also Desserts, dazukommen. Aber auch »à la carte« wird angeboten.

Via Margutta 1d · Metro: Spagna · +39 06/321 15 59 · www.babetteristorante.it · Mo 19.30–23, Di–So 13–15, 19.30–23 Uhr · Brunchbüfett ca. 20 €

* Baffetto

Die kleine, auf den ersten Blick wenig aufregende **Pizzeria** liegt in einer hübschen, kopfsteingepflasterten Gasse unweit der Piazza Navona. Die hauchdünnen Pizze aus dem Holzbackofen sind sowohl bei einheimischen Promis und Fußballspielern als auch bei Touristen beliebt. Um dem Massenandrang zu entgehen, sollte man vor 20 Uhr kommen.

Via del Governo Vecchio 114 · Bus 46, 62 · +39 06/86 16 17 · www.pizzeria

Don't miss

Die herrliche Aussicht, die man von der etwas versteckten Terrasse des »Caffè Capitolino« im Palazzo Caffarelli auf dem Kapitolshügel genießt (www.museicapitolini.org).

baffetto.it · Mo, Mi–Fr 18.30–0.30, Sa, So 12.30–15.30, 18.30–0.30 Uhr · Hauptgerichte ab 8 €

✳ Caffè Greco

In der noblen Via Condotti liegt das **berühmte Café**, in dem einst schon Goethe und Schopenhauer speisten. Das elegante Kaffeehaus ist ein typischer Touristenmagnet, entsprechend gesalzen sind die Preise. Wer nur einen Blick auf das prächtige Innenleben und die Bilder an der Wand werfen will, nimmt einfach wie die Römer einen *Cafettino* an der Bar.

Via dei Condotti 86 · Metro: Spagna · +39 06/679 17 00 · www.anticocaffe greco.eu · Mo–Fr 9–19.30, Sa, So 10.30–19 Uhr

✳ Ciampini

Das elegante **»Allroundlokal«** oberhalb der Spanischen Treppe bietet einen wunderschönen Ausblick auf die Dächer und Kuppeln Roms. Die Kaffeebar lockt mit Törtchen und Sandwiches, oder man bleibt gleich zum exklusiven Mittag- oder Abendessen. So richtig römisch wird es beim *Dopocena* (»nach dem Abendessen«) mit einem Cocktail in der stilvollen Lounge. In den Wintermonaten geschlossen!

Piazza Trinità dei Monti 15 · Metro: Spagna · +39 06/678 56 78 · www.caffeciampini.com · März–Anfang Nov. tgl. 8–0 Uhr

✳ Ciao Checca

Auch die Italiener leben ernährungsbewusst! Das **Öko-Restaurant** in der Nähe der Piazza Navona bietet u. a. glutenfreie Küche und interessante Kreationen mit Hülsenfrüchten. Die berühmten *Pasta e fagioli*, Nudeln mit braunen Bohnen, gehören zu den Leibgerichten der englischen Königin.

Piazza di Firenze 25 · Bus 70, 116 · +39 06/68 30 03 68 · www.ciao checca.com · Mo, Di 10.30–20.30, Mi–So 10.30–22.30 Uhr · Nudelgerichte ab 8 €

✳ Ciuri Ciuri

Kleines **sizilianisches Café** im Szeneviertel Monti mit köstlichem Gebäck aus Marzipan oder Ricotta, das in ganz Italien beliebt ist. Im Erdgeschoss liegen an der Verkaufstheke die bunten Leckereien wie kleine Kunstwerke aus, während im ersten Stock Barhocker und Tische zum Verweilen (ohne Aufpreis) einladen.

Via Leonia 18/20 · Metro: Cavour · +39 06/45 44 45 48 · www.ciuri-ciuri.it · Tgl. 8.30–0 Uhr · Teilchen ab 1,50 €

Das »Ciao Checca« bereitet Hülsenfrüchte und viele andere gesunde Gerichte zu, die richtig gut schmecken.

✳ Cul de Sac

Fast schon eine römische Institution! In der mit kleinen Tischen, Holzbänken und sehr dekorativen Böden nett eingerichteten **Weinbar** nahe der Piazza Navona ist immer was los. Es gibt typische lokale Spezialitäten wie *Coda alla vaccinara*, also Ochsenschwanz, oder auch einfach Wurst oder Käse zum Wein.

Piazza di Pasquino 73 · Bus 40, 56 · +39 06/68 80 10 94 · www.enotecaculdesacroma.it · Tgl. 12–0.30 Uhr

✳ Dar Filettaro

Das etwas schäbige, **kleine Restaurant** unweit des Campo de' Fiori ist sehr einfach, aber total angesagt. Hier gibt es die bei den Römern äußerst beliebten *Filetti di baccalà*, in Teig ausgebackene Kabeljaufilets, und im Winter dazu *Puntarella*-Salat mit Anchovis-Vinaigrette. Vorsicht, lange Schlangen!

Largo dei Librari 88 · Metro: Spagna · +39 06/686 40 18 · Di–So 17.30–23 Uhr · ab 8 €

✳ Forno Campo de' Fiori

Ein Muss! *Il Forno* bedeutet »der Ofen«, und am Campo de' Fiori kommt aus diesem die beste **Pizza zum Mitnehmen** von ganz Rom. Die *Pizza bianca* ohne Tomatensauce ist ein Gedicht.

Campo de' Fiori 22 · Bus 46, 40 · +39 06/68 80 66 62 · www.fornocampodefiori.com · Tgl. 7.30–14.30, 16.45–20 Uhr, im Juli und August geschlossen

✳ 'Gusto

Das angesagte Lokal direkt an der Piazza Augusto Imperatore spaltet die römische Gastro-Szene. Die einen finden das Restaurant der mittleren bis gehobenen Preisklasse cool und chic, die anderen sprechen von einer Bahnhofshalle. Die Qualität der **Pizza** ist jedoch unumstritten. Eine Weinbar und ab ca. 18.30 Uhr ein reichhaltiges Happy-Hour-Büfett gehören auch dazu.

Piazza Augusto Imperatore 9 · Metro: Spagna · +39 06/322 62 73 · www.gusto.it · Restaurant tgl. 12–15.30, 19–0, Brunch Sa, So 12–16 Uhr · Hauptgerichte ab 10 €

✳ Il Margutta

Vegetarisches Bio-Restaurant der mittleren bis gehobenen Preisklasse im Künstlerviertel an der Spanischen Treppe. In freundlichem Ambiente findet hier wochentags ein »Green Brunch« statt und sonntags gibt es ein ausgiebiges Salat- und Gemüsebüfett. Gute Pasta mit Gemüse und Kräutern. Manchmal sind auch kleinere Ausstellungen zu sehen.

Via Margutta 118 · Metro: Spagna · +39 06/32 65 05 77 · www.ilmargutta vegetariano.it · So–Mi 10–20, Do–Sa 10–2 Uhr · Green Brunch ab 12 €

* L'Insalata Ricca

Auch wenn die **Restaurantkette** schon bessere Zeiten gesehen hat, ist sie immer noch ein angesagter Treffpunkt. Hier bekommt man riesige Salatteller – bzw. eher Salatschüsseln – mit diversen Zutaten, und die Auswahl ist so groß, dass man am liebsten gleich alles probieren würde. Wer keinen Salat mag, bestellt einfach Vorspeisen, Pasta oder Pizza.

L.go dei Chiavari 85 · Bus 46, 62 · +39 06/68 80 36 56 · insalataricca.it · Tgl. 12–0 Uhr · Salate 8 €

* L'Orso 80

Das von außen eher unscheinbare **Restaurant** mit sehr moderaten Preisen in der Nähe der Piazza Navona ist inzwischen kein Geheimtipp mehr und auch bei den Einheimischen ausgesprochen beliebt. Kein Wunder bei den köstlichen Antipasti, dem angenehmen Ambiente mit der offenen Küche und dem freundlichen Personal!

Via dell' Orso 33 · Bus 46, 40 · +39 06/686 49 04 · www.orso80.it · Di–So 19.30–0 Uhr

* La Fenice

Die **kleine Restaurant-Bar** im Stil eines Teehauses liegt oberhalb der Spanischen Treppe. In der teuren Gegend würde man eher ein Touristenlokal vermuten, stattdessen backt Alex das Brot für seine *Panini* selbst und zieht den Nudelteig eigenhändig durch die Maschine. Unbedingt um 18 Uhr zur hervorragenden Happy Hour für 10 € inklusive Essen vorbeischauen!

Via Francesco Crispi 68 · Metro: Spagna · +39 06/48 88 35 04 · Di–Sa 7.30–1 Uhr · Nudelgerichte ab 10 €

* Likeat

Das attraktive Bistro serviert als nette Abwechslung zu Pizza und Pasta köstliche ***Panini***, die mit besten Zutaten nach Kundenwunsch belegt und dann im Ofen gebacken werden. Zum Mitnehmen oder direkt im kleinen Lokal essen. Faire Preise!

Corso Vittorio Emanuele II 310 · Bus 46, 62 · +39/34 97 06 10 72 · www.likeatroma.com · So–Mi 10–20, Do–Sa 10–2 Uhr · ab 3 €

Don't miss

Günstigeren Luxus in Form der Happy Hour oder eines Brunches in den exklusiven Restaurants der Stadt: Das Essen ist dann immer noch gut und vor allem bezahlbar!

✳ Maccheroni

In dieser **Trattoria** isst man mit Blick auf die Küche und kann den Köchen bei der Zubereitung italienischer Klassiker über die Schulter schauen. Großzügig bemessene Nudelportionen. Unbedingt *Cacio e Pepe*, Pasta mit Käse und Pfeffer, *all' Amatriciana* und *Carciofi alla romana*, Artischocken nach Römerart, probieren!

Piazza delle Coppelle 44 · Bus 46, 62 · +39 06/668 30 78 95 · www.ristorantemaccheroni.com · Mo–Sa 13–15, 20–0 Uhr · Hauptgerichte ab 10 €

✳ Miscellanea

Sehr gutes, **supergünstiges Restaurant** mit Nudel- oder auch Fischgerichten direkt am Pantheon. Nicht nur Touristen zieht es ins Miscellanea, auch Studenten aller Nationalitäten treffen sich mittags oder abends hier, um die rekordverdächtigen Brote zu verschlingen. Der nette Besitzer Mickey kümmert sich wie ein Papa um seine Jungs und Mädels in Rom.

Via della Palombella 34 · Bus 30, 60 · +39 06/68 13 53 18 · Tgl. 12–0 Uhr

✳ OBICĀ

Ein Muss für Mozzarella-Fans! Das im Stil einer Sushi-Bar eingerichtete Lokal ist bekannt für seine **Käsespezialitäten** und bietet eine große Auswahl an italienischen Weinen. Tipp: die hausgemachten Käsebällchen aus Büffelmozzarella.

Via dei Prefetti 26a · Bus 30, 60 · +39 06/683 26 30 · www.obica.com · Tgl. 8.30–0, Aperitivo ab 18.30 Uhr · Gerichte ab 8 €

✳ Osteria Barberini

Wenn man in der kleinen, lebhaften **Osteria** ohne Reservierung einen Tisch ergattert, kann man von Glück sagen! Trüffel-Liebhaber genießen hier *Tartufo*-Crostini, Trüffelrisotto und *Filetto di manzo*. Doch in der Osteria Barberini gibt es auch Optionen ganz ohne Trüffel, und die schmecken genauso gut. Der Service ist supernett und unkompliziert.

In der kleinen Bar »La Fenice« sollte man pausieren: Alex zaubert köstliche Mittagsgerichte. →

Via della Purificazione 21 · Metro: Barberini · +39 06/474 33 25 · www.osteriabarberini.com · Mo–Sa 12.30–14.30, 18.30–22.30 Uhr · ab 9 €

⁕ Pizzeria Mediterranea

Die beliebte **Pizzeria** liegt in einer Nebenstraße der Via Cavour und bietet *Pizza a taglio*, also nach Wunsch zugeschnittene und abgewogene Stücke zum Mitnehmen. So kann man gleich mehrere Versionen der köstlichen Pizza mit hauchdünnem Boden probieren. Das kleine Lokal bietet zudem etwa 15 Sitzplätze.

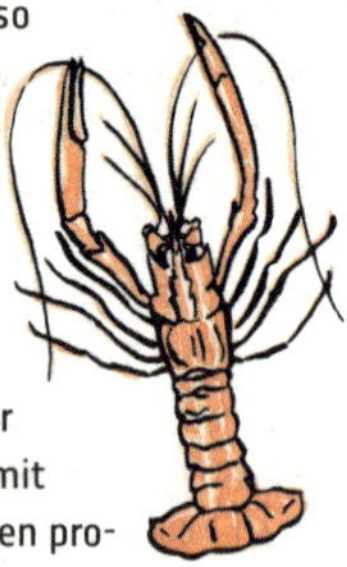

Via Agostino Depretis 76 · Metro: Termini · +39/32 97 72 54 80

⁕ Que te pongo?

Diese zwei kleinen **Imbisslokale** sind eine Oase nicht nur für Fischfreunde. Sehr nette und auch optisch ansprechende Herren bereiten wunderbare Lachsbrötchen oder auch Salate zu. Man kann sich bei den Sandwiches sogar die Brotsorte aussuchen.

Via di Ripetta 40 und Via della Dogana Vecchia 13 · Metro: Spagna · +39 06/68 80 30 29 · Mo–Sa 9–20 Uhr · ab 4 €

⁕ Tazza d'Oro

Den besten Espresso und cremigsten Cappuccino der Stadt gibt es in dieser **Café-Bar** nahe dem Pantheon. Im Shop werden die Kaffeebohnen luftdicht verpackt und direkt verkauft – das ideale Mitbringsel aus der Gourmetmetropole. Im Lokal kann man in nettem Ambiente brunchen, Kaffee und Gebäck genießen und zu Abend essen.

Via degli Orfani 84 · Bus 46, 62 · +39 06/67 78 97 92 · www.tazzadoro coffeeshop.com · Di–So 8.30–1 Uhr

⁕ Vino e Camino

In der schönsten Straße im Zentrum, der zauberhaften Via Giulia, liegt dieses **gemütliche Restaurant**. Wo man eher eine Touristenfalle erwarten würde, wird man in eleganter Atmosphäre freundlich empfangen. Tolles Preis-Leistungs-Verhältnis.

Piazza dell'Oro 6 · Metro: Spagna · +39 06/68 30 13 32 · www.vino ecamino.com · Mo–Sa 19.30–0 Uhr · Bier und Wein ab ca. 5 €

! Glück kann man nicht kaufen, Eis hingegen schon …

Was wäre Rom ohne seine Eisdielen? Eiscreme gehört zum kulturellen Erbe der Stadt wie Pasta und Kolosseum. Wo es das beste Eis gibt, ist seit jeher Gegenstand lebhafter Diskussionen, denn die kühle Köstlichkeit lauert in Rom an jeder Straßenecke. Anbei eine kleine Auswahl:

Die schon immer extrem angesagte »Gelateria Giolitti« (www.giolitti.it) in der Altstadt gibt es seit 1900 und zählt zahlreiche Filmstars und Politiker zu ihren Fans. Im ewigen Eisreich lockt z. B. Champagnereis mit Ingwer. Ganz in der Nähe liegt hinter dem Pantheon die moderne »Gelateria della Palma« mit Weltklasse-Eis aus eigener Herstellung (www.dellapalma.it). Im Norden der Stadt hingegen macht »Al Settimo Gelo« (auf Deutsch etwa: Siebter Eishimmel) seinem Namen alle Ehre. Der kleine Familienbetrieb verwendet für sein Eis nur beste biologische Zutaten ohne künstliche Zusätze (S. 62). Dasselbe gilt für die im ganzen Land erfolgreiche Kette »Gelateria Romana« (www.gelateriaromana.com) – auch hier setzt man in den göttlichen Sorbets oder Shakes anstatt auf Zusatzstoffe auf Frische.

Aber woran erkennt man eine wirklich gute Eisdiele? Vor allem an der Warteschlange, die sich z. B. regelmäßig vor der »Gelateria dei Gracchi« (www.gelateriadeigracchi.it) im eleganten Stadtviertel Prati bildet – doch echte Eisgourmets haben Geduld. Hier gibt es Früchteeis mal ganz anders, etwa mit Apfel-Minze- oder Mandel-Orangengeschmack. Etwas abseits der Touristenströme, aber dennoch gut erreichbar liegt im Stadtteil Appio-San Giovanni das »San Crispino« (www.ilgelatodisancrispino.com). Die Honigeiscreme beruht noch auf einem Rezept aus dem 16. Jahrhundert, aber auch die Sorten Gelbe Pflaume und Himbeere sind ein Traum! Und wer sich traut, probiert im »Antico Caffè dell'Isola« (S. 98) auf der Tiberinsel Basilikum- oder Zimteis.

Wellness

Keine Frau achtet so sehr auf ihr Äußeres wie die Italienerin, und zur regelmäßigen Pflege gehört neben Kosmetikbehandlungen und dem allwöchentlichen Friseurbesuch auch das sogenannte *Centro benessere*. In den letzten Jahren erleben diese Wellnesscenter einen regelrechten Boom, und in den Hotels gibt es inzwischen eigene Spa-Bereiche. Ihr Besuch ist ein teures Vergnügen, vor allem, wenn man nur ein paar Tage in Rom zur Verfügung hat. Wer aber länger in der Stadt weilt oder in den Wintermonaten anreist, kann hier ein kleines Wohlfühlparadies entdecken. Die Wellnesscenter im Zentrum gehören oft zu den Fünf-Sterne-Hotels und sind zum Teil sehr exklusiv; die meisten liegen an der Piazza Navona oder der Spanischen Treppe.

* De Russie

In diesem Fünf-Sterne-Hotel wird's wirklich exklusiv! Mit innovativen Anwendungen und den fortschrittlichsten Behandlungsmethoden bietet der **Spa** gleich an der Piazza del Popolo alles, was das Frauenherz begehrt. Der Clou: Für 100 € kann man einen Personal Trainer engagieren, der in den frühen Morgenstunden einen Trainingslauf durch Rom mit einer kleinen Kaffeepause organisiert.

Via del Babuino 9 • Metro: Spagna • +39 06/32 88 88 20 • www.roccofortehotels.com • Tgl. 6.30–22 Uhr • Einfache Massagen 90 €, Maniküre und Pediküre ab 50 €

* Delia

Nach einem langen, anstrengenden Fußmarsch durch die Stadt ist man in diesem **Spa** genau richtig. Die kleine Wellness- und Beauty-Oase liegt direkt an der Piazza Navona. In angenehmer, entspannter Atmosphäre wird hier eine umfangreiche Auswahl an Dampfbädern, Kräutertees, Massagen und zahlreichen Körper- und Gesichtsbehandlungen geboten.

Piazza della Rotonda 7 • Bus 40, 47 • +39 06/968 84 87 66 • www.deliacentrobenessere.com • Mo–Sa 9–19 Uhr, nur nach Anmeldung • Einfache Massagen oder Gesichtsreinigungen ab 80 €

Dermastir

Im Demastir ist alles nur vom Feinsten. Wer es sich leisten kann, sollte diesem **Luxuskosmetikstudio**, das eigene, hochwertige Produkte vertreibt, unbedingt einen Besuch abstatten. Das Ambiente ist entspannt-elegant, außerdem hat man von hier aus einen herrlichen Blick auf die Spanische Treppe. Wie wär's mit einer Kaviarmaske?

Piazza di Spagna · Metro: Spagna · +39 06/69 38 08 52 · www.dermastir.com · Mo–Sa 9–19, So 11–19 Uhr, nur nach Anmeldung · Gesichtsbehandlungen ab 80 €

Femme Sistina

Femme Sistina an der Spanischen Treppe ist mehr als die Boutique der Stars. Bei wem das Geld locker sitzt, der findet hier nicht nur ein Outfit und die passende Tasche aus der hauseigenen Kollektion, sondern kann sich auch im dazugehörigen **Schönheitssalon** verwöhnen oder die Haare schneiden lassen.

Via Sistina 75 · Metro: Spagna · +39 06/678 02 60 · www.femme sistina.com · Maniküre ab 25 €, Make-up ab 50 €

Halos

Attraktiver **Kosmetiksalon** in der Künstlergasse Via Margutta an der Spanischen Treppe. Das beachtliche Angebot reicht von Gesichts- und Körperbehandlungen, vitalisierenden Peelings und verschiedenen Massagen (z. B. gegen Orangenhaut) bis hin zur Mani- und Pediküre.

Via Margutta 119 · Metro: Spagna · +39 06/89 52 89 20 78 · www.halos-spa.it · Mo–Sa 10–20, So 11–19 Uhr, nur nach Anmeldung · Einfache Massagen oder Gesichtsreinigungen ab 60 €

Le Nuage

Das Motto des einfach eingerichteten, aber sehr vielseitigen und vor allem günstigen **Salons** lautet: Schönheit kommt von innen! Nebst zahlreichen Körper- und Gesichtsbehandlungen bietet das Le Nuage Aroma-Therapien, Anwendungen mit Totem-Meer-Salz oder Massagen mit Parfumbutter.

Via della Stelletta 5 · Bus 30, 70, 116 · +39 06/68 80 30 74 · www.lenuage.it · Mo–Sa 8.30–20.30 Uhr, nach Anmeldung · Maniküre ab 15 €

Ausgehen

Eigentlich hätte Rom gar kein abendliches Extra-Entertainment nötig! Trotzdem tanzen die Römer gerne und sind als Salonlöwen par excellence immer für ein Glas Wein oder Bier zu haben. Doch auch wenn es der römischen Altstadt an Bars und Klubs nicht mangelt, flanieren die Einheimischen im *Centro storico* lieber bis tief in die Nacht mit einem Eis durch die Straßen, vorbei an den wunderschön beleuchteten antiken Bauwerken – am liebsten in Grüppchen. Am Campo de' Fiori oder an der Piazza Navona gibt es nette Weinlokale und Bars; hier sitzt man in warmen Sommernächten gemütlich am Straßenrand und beobachtet die Passanten. Zum Schwofen geht es danach in die Edeldisko »Gilda«.

* 0,75 Zerosettantacinque

In der Nähe der Bocca della Verità und direkt am Circo Massimo liegt diese kleine, **stilvoll eingerichtete Bar** mit exzellentem Happy-Hour-Büfett, das ab 18 Uhr zu einem Getränk nach Wahl aufgetischt wird. Sehr zu empfehlen!

Via dei Cerchi 65 · Metro: Spagna · +39 06/687 57 06 · www.075roma.com · Tgl. 11–2 Uhr · Bier und Wein ab 5 €

* Ai Tre Scalini

Ob zum Essen oder Weintrinken, ein Besuch in der **urigen Weinbar** in Rione Monti lohnt sich. Das Viertel mit seinen idyllischen Gässchen ist beliebt bei den jungen Römern und eignet sich perfekt zum Flanieren. Außen ist das Lokal über und über mit Efeu bedeckt, man kann es also nicht verfehlen. Eng wird es an den Holztischen beim Happy-Hour-Büfett.

Via Panisperna 251 · Metro: Cavour · +39 06/322 09 94 · www.aitrescalini.org · Mo–Fr 12–1, Sa, So 18–1 Uhr · Happy-Hour-Büfett 12 €

* Art Cafē

Der Szene-Klub der römischen High Society. Im noblen Ambiente der historischen Villa Borghese dreht sich alles ums Sehen und Gesehenwerden. Schafft man es, am Türsteher vorbeizukommen, wird es teuer. Allerdings darf man sich bei abwechslungsreicher Musik gegen Mitternacht ab und an über Gratispizza freuen.

Die Piazza Navona ist der beliebteste Treffpunkt von Touristen und auch Römern. Stets überlaufen, dennoch romantisch!

Viale Gallopatoio 33 • Metro: Barberini • +39 06/322 09 94 • www.art-cafe.it • Fr, Sa 23–3 Uhr • Eintritt 15 € ohne Getränkebon + Garderobe 5 €

Black Market

In Monti, dem angesagtesten Viertel der Stadt, wartet diese urige **Mischung aus Klub und Pub** mit einem *Aperitivo* inkl. Büfett (gegen 18.30 Uhr), Livekonzerten, Filmabenden, Ausstellungen und vielen anderen interessanten Events auf. Hausgemachte Muffins versüßen den Abend. Vorher ins aktuelle Programm auf der Website schauen!

Via Panisperna 101 • Metro: Cavour • +39/33 98 22 75 41 • www.blackmarketartgallery.it • Tgl. 19–3 Uhr

Charity Café

Klitzeklein ist dieses süße **Jazzlokal** im Trendviertel Monti. Jeden Abend wird in entspannter Atmosphäre Livemusik geboten, oft spielen auch bekanntere Musiker. Die Konzerte beginnen meist gegen 21.30 Uhr, montags gibt's eine besondere Happy Hour – man zahlt 10 € fürs Büfett und kann so viel Wein trinken, wie man verträgt.

Via Panisperna 68 • Metro: Cavour • +39 06/47 82 58 81 • www.charitycafe.it • Tgl. Happy Hour 18–22, Konzerte 21.30–2 Uhr • Happy-Hour-Getränk mit kleinem Büfett 5 €

Caffè Propaganda

Restaurant, Bistro und Cocktailbar in einem! Diese stylishe, nur ein paar Schritte vom Kolosseum entfernte Bar eignet sich perfekt für einen **Cocktail** unter Freundinnen. Das Lokal im Pariser Stil ist in einer schönen alten Struktur mit hohen Decken untergebracht. Tolle Mischung, allerdings eher für den großen Geldbeutel.

Via Claudia 15 • Metro: Colosseo • +39 06/94 53 42 55 • www.caffepropaganda.it • Tgl. 12–2 Uhr

Fiddler's Elbow

Unweit der U-Bahn-Station Cavour befindet sich Fiddlers Elbow, ein bekanntes **Pub** mit irischem Charme, wie sein Personal stets fröhlich und von durchreisenden wie ortsansässigen Ausländern immer gut besucht. Hier lässt sich in nettem, rustikalem Ambiente das eine oder andere Bier trinken.

Via dell'Olmata 43 • Metro: Cavour • +39 06/487 21 10 • www.thefiddlerselbow.com • Mo–Do 17–2, Fr–So 15–2 Uhr

Fluid

Schicke **Cocktailbar** nahe der Piazza Navona. Sehr guter Mojito und etwas höheres Preisniveau, d. h. mit guten Bars in Deutschland vergleichbar. Dafür gibt es allerdings zur Happy Hour ein riesiges Büfett inklusive, also unbedingt schon am frühen Abend vorbeischauen!

Via del Governo Vecchio 46 · Bus 40, 46 · +39 06/683 23 61 · www.fluideventi.com · Tgl. 18–2 Uhr · Happy-Hour-Getränk mit Büfett 8,50 € (18–22 Uhr)

Gilda

Wer gerne mal in der italienischen Tagespresse auftauchen möchte, sollte sich diese Adresse merken. Gilda ist die **Edeldisko** in Rom, und zwar für jede Altersgruppe. Der Treffpunkt der Lokalprominenz befindet sich nahe der Spanischen Treppe und zieht im Sommer an den Strand nach Fregene.

Via Mario de' Fiori 97 · Metro: Spagna · +39 06/678 48 38 · www.gildabar.it · Di–So 23–4 Uhr · Eintritt 20 € inkl. Getränkebon

Das »Hard Rock Cafe« geht immer! Auch in Rom ist der Klassiker beliebt bei Jung und Alt. →

Gregory's

Diese alteingesessene, schöne **Jazzkneipe** gleich oberhalb der Spanischen Treppe zieht besonders amerikanische Touristen an – vielleicht liegt es an dem exzellenten Whisky. Auf jeden Fall wird hier sehr guter Live-Jazz gespielt, dazu gibt es eine große Auswahl an Biersorten. Das Essen ist allerdings nur durchschnittlich.

Via Gregoriana 54 · Metro: Spagna · +39 06/686 42 68 · www.gregorysjazz.com · Di–So 21–2 Uhr · Eintritt 15 € inkl. Getränk

Hard Rock Cafe

Im Hard Rock Café ist immer was los. Die römische Filiale der beliebten **Restaurantkette** liegt auf dem ehemaligen Boulevard Via Veneto, und wie überall auf der Welt brummt

auch hier das Geschäft mit guten, aber teuren Burgern und den typischen T-Shirts. Abends kann es schon mal eine halbe Stunde dauern, bis man einen Sitzplatz ergattert.

Via Vittorio Veneto 62 a/b • Metro: Spagna • +39 06/642 03 35 • www.hardrockcafe.com • Rock-Shop Mo–Do 9.30–0, Fr, Sa 9.30–1, Restaurant Mo–Do 12–0, Fr, Sa 12–1 Uhr • Bier und Wein ca. 5 €

✳ Ice Club

Mal was anderes! In spezielle Mäntel gehüllt wird man durch eine Schleuse geführt, danach erst betritt man den Ice Club – und tatsächlich ist hier **alles aus Eis**: Sitzbänke, Skulpturen, ja, sogar die Gläser! Die Cocktails sind gut, die Musik stimmt auch. Vor allem bei heißen Außentemperaturen eine tolle Erfrischung, die man aber maximal 40 Minuten aushalten kann.

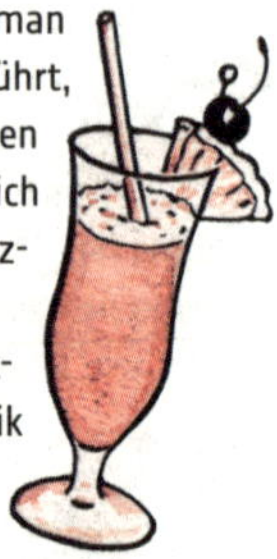

Via della Madonna dei Monti 18–19 • Metro: Cavour • +39 06/97 84 55 81 • www.iceclubroma.it • Tgl. 18–2 Uhr • Eintritt 15 € inkl. Getränk

✳ Il Goccetto

Weinliebhaber können sich in der Nähe des Campo de' Fiori im Goccetto (auf Deutsch: »Tröpfchen«) auf eine Vielfalt erlesener Tropfen freuen: Chianti, Brunello, Barolo und Co. stehen in der urigen, mit dunklem Holz ausgestatteten **Enoteca** auf der Karte. Es lohnt sich, auch die weniger bekannten Sorten zu probieren.

Via dei Banchi Vecchi 14 • Bus 40, 46 • +39 06/686 42 68 • www.ilgoccetto.com • Mo–Sa 11.30–14.30, 18.30–0 Uhr

✳ La Cabala

Nach einer Runderneuerung ist der legendäre **Nachtklub**, den schon Onassis und Maria Callas beehrten, wieder Treffpunkt der römischen Society. Hier verkehrt bei aktuellen Charthits ein betuchtes, eher jüngeres Publikum. Das Etablissement erstreckt sich über drei Etagen – Piano-Bar, Restaurant der oberen Preisklasse und Disko.

Via dei Soldati 25c • Metro: Spagna • +39 06/68 30 11 92 • www.hdo.it • Do–Sa 23.40–4.30 Uhr

Don't miss

Die aktuellsten Infos zu Roms Nachtleben in den Wochenzeitungen, die auch Online-Auftritte haben: www.wantedinrome.com, www.romace.it

Open Baladin

In der gemütlichen und gleichzeitig coolen *Birreria* in der Nähe des Campo de' Fiori herrscht immer gute Stimmung, was u. a. an der großen Auswahl an Bieren italienischer Mikrobrauereien liegt. Das nette Ambiente im **Pub** gleicht die vergleichsweise hohen Preise wieder aus.

Via degli Specchi 6 · Tram 8, Bus 64 · +39 06/683 89 89 · www.openbaladin.com · Tgl. 12–2 Uhr · Bier ca. 5 €

Salotto 42

Klein, aber hip, mit toller Atmosphäre! Die Drinks sind gut, die Gäste eher chic und die Lage der Bar an einem schönen Platz ist einmalig. Zu den eher teuren Cocktails werden ausreichend Snacks gereicht. Von 19 bis 21 Uhr findet ein *Aperitivo* statt; dazu wird ein Büfett aufgebaut, an dem sich jeder bedienen kann.

Piazza di Pietra 42 · Metro: Spagna · +39 06/678 58 04 · www.salotto42.it · Di–Sa 10–2, So 10–0 Uhr · Bier ca. 6 €

Shari Vari

Das Shari Vari Playhouse mitten in der Altstadt ist sowohl angesagtes Restaurant mit Livemusik als auch moderne **In-Diskothek**, wo zu fortgeschrittener

Stunde (ab 23 Uhr) das Tanzbein geschwungen wird. Leider lassen die Getränke für den Preis zu wünschen übrig.

Via di Torre Argentina 78 · Metro: Spagna · +39/33 96 32 55 01, +39 06/68 80 69 36 · www.sharivari.it · Tgl. 19–4 Uhr

Teatro dell'Opera

La Traviata, *Rigoletto* oder *Il Barbiere di Siviglia* in Rom! Opernfans sollten sich dieses schöne alte **Opernhaus** mit seinen wunderbaren Musikern nicht entgehen lassen. Im Sommer finden die Aufführungen unter freiem Himmel in den Ruinen der Caracalla-Thermen statt.

Piazza Beniamino Gigli 7 · Metro: Repubblica · +39 06/96 48 16 01 · www.operaroma.it

Übernachten

Kaum zu glauben, wie schnell in Roms Altstadt die Zeit vergeht! Im Zentrum gibt es gute Hotels und Apartments in sämtlichen Preisklassen und mit entsprechend unterschiedlicher Ausstattung. Eine zentrale Unterkunft bietet den Vorteil, dass man sich nach einem langen Shopping- und Sightseeing-Tag ausruhen kann, ohne lange Wege in Kauf nehmen zu müssen. Und wer dann noch Lust und Energie hat, sich ins Nachtleben zu stürzen oder zumindest noch eine Bar im *Centro storico* austesten will, liegt mit einem Zimmer mitten im Geschehen genau richtig.

✳ Albergo del Sole

Einfach ausgestattetes Hotel in großartiger Lage. Tolle Terrasse in einem kleinen Innenhof mit Garten, und wer mit dem Auto kommt, dem steht eine Garage zur Verfügung. Zimmer mit Dusche und WC; TV-Raum und gesonderter Kofferabstellbereich.

Via del Biscione 76 · Metro: Spagna · +39 06/68 80 68 73 · www.solealbiscione.it · DZ ab 90 €

Geht gar nicht

Italiener frühstücken nur »süß«, also einen Cappuccino mit einem Croissant, entsprechend mager fällt oft das Hotelfrühstück aus. Also lieber gleich in der Bar nebenan frühstücken!

✳ Casa Romana

B&B in optimaler Lage gleich in der Nähe des Bahnhofs. Wer mehr als drei Tage in Rom bleibt, ist von hier aus sofort überall – am Meer, am Flughafen oder in den Bergen der Castelli Romani. Besitzerin Fulvia ist ausgesprochen freundlich, spricht sehr gut Englisch und gibt gern nützliche Tipps. Die Zimmer sind nicht luxuriös, aber sauber und komfortabel. Ein echtes Schnäppchen!

Via dei Mille 41a · Metro: Castro Pretorio · +39 06/32 92 28 06 26 · www.myromeapartment.com · DZ ab 70 €

✳ Fewoitalia

Wunderschöne **private Ferienwohnungen** direkt im historischen Zentrum, in verschiedenen Größen und mit unterschiedlicher Ausstattung. Die Besitzer sind zum großen Teil Deutsche und Österreicher, und Brigitte hilft gern bei der Planung des Rom-Aufenthalts. Alle Wohnungen sind komplett eingerichtet, Bettwäsche und Handtücher werden gestellt.

Via Frattina 41 · Metro: Spagna · +39/33 38 36 46 39 · www.fewoitalia.de · ab 80 €

✳ Hotel Cosmopolita

Vom Cosmopolita unweit des Trevi-Brunnens aus kann man alle Sehenswürdigkeiten Roms zu Fuß erreichen, es gibt aber auch eine Bushaltestelle. Das **saubere Hotel** verfügt über eine Dachterrasse, das Personal ist freundlich und das ordentliche Frühstück wird in einem schönen Frühstücksraum serviert. Gleich in der Nähe befinden sich mehrere Bars.

Via di Santa Eufemia 5 · Metro: Barberini · +39 06/99 70 71 · www.hotel-cosmopolita.com · DZ ab 130 €

✳ Hotel Grifo

Diese **einfache Pension** liegt zwischen den beiden Hauptstraßen Via Nazionale und Via Cavour und ist mit Doppel-, Drei- und Vierbettzimmern ausgestattet. Von der schönen Frühstücksterrasse aus schweift der Blick über das romantische Szeneviertel Monti, und alle Sehenswürdigkeiten sind zu Fuß erreichbar.

↑ *Das moderne Hotel »Mancino« bringt mit seinem Gebäude à la Flatiron Building einen Hauch USA nach Italien.*

Via del Boschetto 144 · Metro: Barberini · +39 06/474 23 23, +39 06/474 49 02 · www.hotelgrifo.com · DZ ab 90 €

✳ Hotel Luzzatti

Einfaches, aber sauberes **Zwei-Sterne-Hotel**, nur ein paar Blocks vom Hauptbahnhof und der U-Bahn entfernt und in Gehweite zu allen Sehenswürdigkeiten im Zentrum. Sämtliche Zimmer sind neu renoviert. Tolle, preiswerte Restaurants in der Nähe, sichere Gegend. Kein Touristenviertel, man wohnt unter Einheimischen im »echten« Rom.

Via Luzzatti 3 · Metro: Vittorio Emanuele · www.hotelluzzattirome.com · ab 64 €

Ein traumhafter Moment: bei Sonnenuntergang auf der Dachterrasse des B&B »Made in Rome«. Das »Scalinata di Spagna« (unten) ist nicht nur von außen schick, auch seine Zimmer sind liebevoll und farbenfroh eingerichtet.

✳ Hotel Mancino 12

Vier-Sterne-Hotel unweit der Fontana di Trevi in einer ruhigen Einkaufsstraße. Die netten Zimmer sind in modern-minimalistischem Stil gehalten, mit guten Betten und sauberem Bad. Hilfsbereites Personal, statt des Hotelfrühstücks empfiehlt sich jedoch ein Cappuccino an der Bar.

Via del Mancino 12 · Metro: Barberini · +39 06/67 49 71 · www.hotelmancino12.com · DZ ab 100 €

✳ Hotel Scalinata di Spagna

Gutes kleines **Drei-Sterne-Hotel** mit bezauberndem Dekor direkt oberhalb der Spanischen Treppe. Einfaches, aber sehr gutes Frühstück auf einer Dachterrasse mit Fernblick. Nettes Personal an der Rezeption.

Piazza Trinità dei Monti 17 · Metro: Spagna · +39 06/45 68 61 50 · www.hotelscalinata.com · DZ ab 135 €

✳ Kolbe Hotel

Römische Perfektion! Das **exklusive Hotel** liegt in einer ruhigen Seitengasse oberhalb des Forum Romanum inmitten von wunderschön angelegten Gärten, die allein schon einen Besuch wert sind. In dieser Oase der Ruhe inmitten von Rom wird man höchstens von Vogelgezwitscher und nicht von Verkehrslärm geweckt.

Via San Teodoro 48 · Metro: Colosseo · +39 06/679 88 66 · www.kolbehotelrome.com · ab 150 €

✳ Made in Rome

Das **B&B** liegt superzentral, von der Terrasse aus sieht man das Kolosseum! Alles ist fußläufig erreichbar und die stilvollen Zimmer sind sauber und ordentlich. Massimiliano ist ein hervorragender Gastgeber und hat tolle Tipps zu Kultur und Kulinarik parat. Auch sein Transfer vom Flughafen ist sehr zu empfehlen.

Via Tor dē Conti 35 · Metro: Colosseo · +39/39 35 18 29 84 · www.madeinromebb.com · DZ ab 95 €

✳ WellnessInn

Das WellnessInn liegt nur fünf Minuten zu Fuß von der Piazza della Repubblica entfernt. Trotz der zentralen Lage befinden sich die **Zimmer und Apartments** in einer relativ ruhigen Straße. Tolle, moderne Ausstattung, sehr sauber, bequeme Betten, reichhaltiges Frühstück und super Service!

Via Palestro 3 · Metro: Termini · +39/37 73 01 45 63 · www.wellnessinnrome.it · DZ ab 70 €

Der Norden

Parioli, Borghese und Trieste – herrschaftliches Wohnen und Entspannung im Grünen

Roms exklusiver Norden ist nicht gerade die erste Adresse für Shopping oder Nightlife. Dafür locken hier atemberaubende Paläste und elegante Parks, die übrigens allesamt »Villa« heißen, denn inmitten der traumhaften, teilweise gigantisch großen Grünanlagen stehen noch immer die ehemaligen Wohnsitze römischer Adelsfamilien. Gleich im Zentrum oberhalb der Piazza del Popolo beginnt die weitläufige Villa Borghese, und an der imposanten Via Nomentana liegt die romantische Villa Torlonia, einst die Residenz von Mussolini. Hier kann man sich mit einem Stück Pizza auf der Wiese wunderbar vom Sightseeing erholen.

Im noblen Wohnviertel Parioli – von den Einheimischen *La Roma bene* (»das vornehme Rom«) genannt – könnte man beim Anblick der *Palazzi* vor Neid schier erblassen. Die Gegend gilt als eine der teuersten Adressen der Stadt. An der Piazza Mincio kann man die märchenhaften Bauten des Architekten Coppedè bewundern, während die eleganten Straßen rings um den Zoo mit Luxushotels und Museen aufwarten. Die imposante Galleria Nazionale d'Arte Moderna präsentiert zeitgenössische Kunst und beherbergt ein Edelrestaurant.

Obwohl es auch im Norden ein paar Einkaufsstraßen gibt – etwa den Viale Regina Margherita oder den Viale Libia –, shoppen die Römerinnen lieber im Zentrum oder auf der Via Cola di Rienzo im Westen der Stadt. Das Nachtleben hingegen findet eher im ehemaligen Schlachthofviertel Testaccio statt. Trotzdem kann der Norden Roms mit ein paar exzellenten Restaurants und mehreren netten Happy-Hour-Bars punkten.

Kultur
Shopping
Restaurant
Wellness
Ausgehen
Übernachten
N
0
200 m
Auditorium Parco della Musica
Via Brocchi
Parioli 77
Piazza Santiago del Cile
Aquaniene
Smol
Via G. Borsi
Via Rossi Tancredi
Matthew's Bar
Castroni
Ponte Milvio
Sesto Senso
V. Francesco Denza
Via G. Antonelli
V. C. Allioni
Via Boscovich
Mercalli
Via P. Tacchini
V. G. B. Benedetti
V. Lagrange
V. Cassini
Via N. Tartaglia
V. A. Kircher
Via A. Secchi
Via L. Respighi
Via S. Ermete
Via L. Magalotti
Via F. Giordano
Antonio
Via F. Siacci
Viale dei Parioli
Via V. Picardi
Via V. Locchi
N.
Oxilia
Via S. Slataper
Romania
Via
Viale
S. Roberto Bellarmino
Panama
Cannet
Hilton Garden Inn Rome Claridge
Pza. Lituania
Piazza Ungheria
Via A. Stoppani
Piazza Pitagora
Via Paraguay
Viale
Smart & Beautiful
Lima
Via Lutezia
Viale Bruno Buozzi
Pinciano
Bertolini
Rossini
V. E. De Cavalieri
Via G. d'Arezzo
Via N. Paganini
V. Bellini
V. E. Petrella
Piazza Giuseppe Verdi
MAXXI
Caffè Ponte Milvio, Caffè delle Arti
La Pergola, Al Settimo Gelo
Lo Zodiaco
Via di
Via D. Cirillo
Villa Svezia
Via dei Tre Orologi
Via d. Tre Madonne
Via G. Cuboni
Via Michele
V. C. Linneo
Via C. Linneo
Villa Sacchetti
Mercati
Via G. De Notaris
Via Giuseppe Mangili
V. Vallisneri
Ulisse
Aldrovandi
Museo Africano e di Zoologico
Viale
Giacchino
Via G. Carissimi
Ristorante QB
V. G. B. Martini
Via N. Porpora
Giovanni
Via G. Donizetti
Via C. Monteverdi
Museo Nazionale Etrusco di Villa Giulia, Forum Austriaco
Giardino Zoologico
Zoologico
Via G. Frescobaldi
S. Mercadante
Via
Stil Novo Club
Galleria Nazionale d'Arte Moderna
Viale del Giardino
Parco dei Principi
Via A. Corelli
Via Pietro Raimondi
V. G. Aldega
Via G. Spontini
Via R. Giovannelli
Vanni
Viale delle Belle Arti
Piazzale Firdusi
Rome Cavalieri
Viale di Valle Giulia
Museo Canonica
Villa Borghese
Viale
Viale Due Mascheroni
dell'
Viale dei Daini
Paisiello
Via J. Peri
V. G. Allegri
Mercatino Flaminio
Viale Bernadotte
Viale Mad. Letizia
Vle. Esculapio
Tempio di Esculapio
Viale Pietro Canonica
Viale dei
Pupazzi
Uccelliera
Galleria Borghese
Pinciana
Livia Cr
V. Live
Viale F.
Viale d. Aranciera
Ple. V. Hugo
Guardia
Piazza di Siena
Casina di Raffaello
Cavalli Marini
Borghese
V. G. Sgambati
Via Isonzo
Pepe
Sole e Benessere
Viale del Muro Torto
Viale dell' Orologio
Viale dei Bambini
Ple. delle Canestre
Vle. delle Magnolie
Vle. S. Paolo del Brasile
Viale del
Tempietto di Diana
Monumento A. Umberto
Museo
Via G. Puccini
Via di S. Teresa
Via
S. Ter
Cinecaffè
Vle. Goethe
Piazza E. Sienkiewicz
Viale del Galoppatoio
Galoppatoio
Casa del Cinema
Via Campa
Casina Valadier
Corso d'Italia
Piazzale Brasile
Porta Pinciana
Via Campania
Via Sardegna
Via Romagna
Via Puglie
Viale G. D'Annunzio
Via Sicilia
Abruzzi
Via Toscana
Via Marche
Via Vittorio Veneto
Ludovisi
S. Patrizio
Teatro delle Arti
Boncomp
Via Quinti
Vle. Trinità dei Monti
Villa Medici
Via Lazio
Via di Porta Pinciana
Via Aurora
Via Lombardia
Via Emilia
Via Ludovisi
Via Piemonte
Via Friuli
Salustiana
Sallustiano
Via Margutta
V. Alibert
V. di S. Sebastianello
Via del Babuino
Via Vittoria
Piazza di Spagna
Spagna
M
Via della Croce
Scalinata d. Trinità d. Monti
Via Liguria
V. Cadore
Via Lucullo
V. G. Carducci
Via Aure

Mamma Angelina
Porta di Roma
Italian Cooking
Scarpamondo
Trieste
Cheers Cafe, Brancaleone
Tezenis
Poems
Arcadia
Villa Ada
Panamino
Hotel Panama Garden
Via Salaria
Via di Villa Ada
Via Nemorense
Via Lago di Lesina
Parco Virgiliano
Villa Bianca
Via Bradano
Via Massaciuccoli
Piazza Volsinio
Piazza Verbano
Piazza Ledro
Via Bacchiglione
Via Piediluco
V. Bisagno
Parco di Villa Grazioli
Via Panama
Via Bruxelles
Via Chiana
Via Sebino
Via Tagliamento
Via Tronto
Corso Trieste
Via di Santa Costanza
The Cotton Club
Numbs
Via Tarvisio
Via Gradisca
Via Rovereto
Via Aquileia
Relais 6
Piper Club
Quartiere Coppedè
Caffè Tortuga
Piazza Trasimeno
Millevoglie
Viale Ajaccio
Via Corsica
Via Gorizia
Via G. Alberoni
Via Pola
Via Nomentana
Il Gong
Coin
Cambridge Cafè
Segue
Viale Regina
Via Ombrone
Via Tirso
Via Basento
Via Simeto
Via Adda
Via Trebbia
Piazza Trento
Via Postumia
Villa Paganini
Vicolo d. Fontana
Corso Dalmazia
Via Capodistria
Villa Pirandello
Via G. A. Guattani
Villa Albani
Studio Basento
Salario
Margherita
Via Alessandria
Via Novara
Via Zara
Villa Torlonia
Via Alessandro Torlonia
Via Bosio
S. Giuseppe
MACRO
I Butteri
Hammam Balkis
NailStore
Disco
Via Brescia
Via Mantova
Ops!
Tribeca Cafè
Pza. Alessandria
Via Bergamo
Via Messina
Corpus Dominus
Viale Regina Margherita
Via Lazzaro Spallanzani
Casina dei Pini
Via Siracusa
Via Rovigno
Via Cosenza
Via A. Vesalio
Via C. Celso
Via A. Musa
Piazza Galeno
Hotel Villa Morgagni
Piazza Salerno
Via Bari
Via Morgagni
Via G. Baglivi
Via Chieti
Via Caserta
Via Brianza
Via Treviso
Corso d'Italia
Porta Pia
Villa Paolina
S. Cuore di Gesù
Viale del Policlinico
Pza. d. Croce Rossa
Via G. B. Morgagni
V. G. M. Lancisi
Policlinico
M
Viale Regina Elena
Via Settembre
Via Castelfidardo
Via Goito
Via Cernaia
Via Palestro
Via Montebello
Via Mentana
V. Sapri
Via Gaeta
Viale Castro Pretorio
Castro Pretorio
Biblioteca Nazionale Centrale Vitt. Emanuele II
Policlinico Umberto I

Kultur

Bereits im Zentrum beginnt der herrliche Park der Villa Borghese. Er lädt nicht nur zum Spazierengehen ein, sondern beherbergt mit der Galleria Borghese und der Villa Giulia auch zwei der wichtigsten Museen Roms. Doch die Ewige Stadt hat nicht nur eine schier unerschöpfliche Vergangenheit zu bieten: Gerade im Norden findet man auch moderne Museen wie das Nationalmuseum für die Kunst des XXI. Jahrhunderts, kurz MAXXI. Ebenso eindrucksvoll ist das Konzertzentrum Auditorium, dessen Fassade an riesige Käferpanzer erinnert, und auch einen Besuch auf dem höchsten Hügel Roms, dem Monte Mario, sollte man einplanen. Gleich vor dem Restaurant-Café »Lo Zodiaco« tut sich ein atemberaubender Blick auf!

✳ Casa del Cinema

Das **Kino** mitten im Park der Villa Borghese zeigt das ganze Jahr über internationale Filme und Ausstellungen. Im Sommer wird der Vorgarten des angrenzenden Restaurants zum Open-Air-Kino, Eintritt frei! Man speist direkt auf der Veranda oder setzt sich einfach mit einer Decke auf die Wiese. Unbedingt vorab ins Programm schauen!

Largo Marcello Mastroianni 1 • Metro: Barberini • +39 06/841 65 42 • www.casadelcinema.it

✳ Forum Austriaco

Unweit der Villa Giulia liegt das österreichische **Kulturforum**, Treffpunkt für den österreichisch-italienischen Kulturaustausch. In dem kleinen, aber feinen Gebäude finden ab und zu interessante Ausstellungen statt, und die Bibliothek umfasst über 100 000 Titel, vor allem zur Geschichte der beiden Länder. Abends gibt es öfter Konzerte.

Don't miss

Die grünen Papageien, die einem beim Spaziergang durch die Villa Borghese vor der Nase herumfliegen. Gern lassen sich diese Vögel grüppchenweise auch in den anderen städtischen Parks nieder.

Via Bruno Buozzi 113 • Bus 926, Tram 19 • +39 06/360 83 71 • www.austriacult.roma.it • Mo–Fr 9–18 Uhr

✳ Galleria Borghese

Die Galleria Borghese inmitten des herrlichen gleichnamigen Parks zählt zu den bedeutendsten privaten **Kunstmuseen** weltweit und wartet mit einer exzellenten Gemälde- und Skulpturensammlung auf; die Werke stammen unter anderem von Leonardo da Vinci, Raffael und Bernini. Einlass alle zwei Stunden und nur mit Vorabreservierung.

Piazzale del Museo Borghese 5 • Metro: Barberini, Bus 910 • +39 06/ 841 65 42, Ticketbuchung: +39 06/ 328 10 • www.galleriaborghese.it • Di–So 9–19 Uhr • 8,50 €, Kinder 2 €

✳ Galleria Nazionale d'Arte Moderna

15 Minuten zu Fuß von der Villa Borghese entfernt liegt die beeindruckende Nationalgalerie für **moderne Kunst** mit Werken des 19. und 20. Jahrhunderts von van Gogh über Klimt bis Jackson Pollock.

Viale delle Belle Arti 131 • Tram 2, 3 • +39 06/32 29 81 • www.gnam.beniculturali.it • Di–So 8.30–19.30 Uhr • 12 €

✳ Italian Cooking

Rent a Roman! **Kochen** gehört seit jeher zur italienischen Kultur und macht gemeinsam am meisten Spaß. Wenn Emanuele und Alessandro in der Ferienwohnung die Kochlöffel schwingen, lernt man neue Rezepte kennen und vielleicht auch ein wenig Italienisch. Billig ist das Ganze allerdings nicht.

Via Tolero 21 • Bus 38, 63 • +39/ 38 91 13 94 57 • www.turismocomunica.com • Kurs für 2–4 Pers. 220 €

Tolle Filmvorführungen bietet die Casa del Cinema, zum Teil kostenlos und immer an einem wundervollen Ort! →

✳ MACRO – Museo d'Arte Contemporanea

Inzwischen ist dieses **Museum für zeitgenössische Kunst** mit zwei Locations in Rom vertreten. Im Norden beherbergt eine ehemalige Brauerei die ständig wechselnden Ausstellungen, die frischen Wind in die eher konservative Kunstszene der Stadt bringen, aber oft auch Geschmackssache sind.

Via Nizza 138 • Bus 38, 89 • +39 06/671 07 04 00 • www.museomacro.org • Di–So 11–19, Sa 11–22 Uhr • 12,50 €

✳ MAXXI – Museo Nazionale delle Arti del XXI Secolo

Das **Museum für zeitgenössische Kunst** hat als neues »Nationalmuseum« Zeichen gesetzt. In dem umstrittenen, ultramodernen Bau von Stararchitektin Zaha Hadid unweit des Stadio Flaminio finden in mehreren Sälen ständig wechselnde Ausstellungen italienischer und internationaler Künstler statt.

Via Guido Reni 4 • Bus 233 • +39 06/320 24 38 • www.fondazionemaxxi.it • Di–Fr, So 11–19, Sa 11–22 Uhr • 12 €

✳ Museo Nazionale Etrusco di Villa Giulia

Direkt neben der Villa Borghese beherbergt das Museum **etruskische Funde** aus vorrömischer Zeit. Die Sammlung in einem faszinierenden Gebäude mit charmanten begrünten Innenhöfen umfasst hauptsächlich Vasen, Terrakotten und Bronzen.

Piazzale di Villa Giulia 9 • Bus 926, Tram 19 • +39 06/322 65 71 • www.villagiulia.beniculturali.it • Di–So 8.30–18.30 Uhr • 4 €

✳ Ponte Milvio

Über diese **historische Brücke** schlenderten schon Martin Luther, Karl der Große und Friedrich II. Heute ist sie allabendlicher Treffpunkt der römischen Jugend. Wie in jeder Großstadt hängen auch hier verliebte Paare Vorhängeschlösser an Lampenpfeiler und werfen anschließend die Schlüssel als symbolische Geste in den Tiber. In der Nähe gibt es einige nette Lokale.

Ponte Milvio • Bus 32, 69

✳ Porta Pia

Die Via XX Settembre endet an der feinen, klar gegliederten Porta Pia, die Michelangelos letzte architektonische Arbeit werden sollte. Am 20. September 1870 durchbrachen nordwestlich von diesem **Tor** Scharfschützen (*Bersaglieri*) die Aurelianische Mauer, marschierten in die Hauptstadt des damaligen Kirchenstaates ein und führten so die Einigung Italiens herbei.

Piazzale di Porta Pia • Metro: Castro Pretorio, Bus 490, 491

✳ Quartiere Coppedè

Unweit der Piazza Buenos Aires schuf der Architekt Gino Coppedè zwischen 1915 und 1926 ein faszinierendes Wohnviertel. Die Fassaden der exklusiven **Jugendstilpaläste** sind mit Fabeltieren, Feenfiguren, Löwenköpfen und Monstern verziert, und inmitten dieser Märchenwelt macht ein Froschbrunnen seine Aufwartung!

Piazza Mincio • Bus 92

✳ Villa Torlonia

Der zauberhafte **Park** der Villa Torlonia eignet sich perfekt für eine kurze Verschnaufpause. Einst lebte hier Mussolini; heute befinden sich auf dem Grundstück mehrere interessante Museen, wie etwa das verwunschene Eulenhäuschen (*Casina delle Civette*). Das Restaurant »La Limonaia« serviert mediterrane Küche der mittleren bis gehobenen Preisklasse.

Via Nomentana 70 • Bus 60, 62 • +39 06/44 23 11 85 • www.museivillatorlonia.it • Tgl. 9–19 Uhr • Eintritt zum Park frei

Shopping

Bei aller Exklusivität glänzt der Norden der Modestadt Rom nicht unbedingt als Shoppingparadies, vor allem, wenn man nur ein paar Tage vor Ort ist. Doch obwohl sich das Zentrum oder der Westen besser zum Bummeln eignen, findet man auch im Viale Regina Margherita und den angrenzenden Straßen ein paar interessante Boutiquen, Schuh- und Schmuckgeschäfte. Schnäppchen lassen sich eher im Viale Libia machen. Ein beliebtes Ziel der Römer ist auch das stets gut besuchte Einkaufszentrum »Porta di Roma«, das auf drei Etagen rund 250 verschiedene Geschäfte beherbergt.

* Castroni

Auf dem Weg zum Auditorium unbedingt hier haltmachen! In dem eleganten, typisch eingerichteten **Delikatessenladen** sind die Regale bis obenhin gefüllt mit allem, was das Gourmetherz begehrt. Die Feinkostkette ist in mehreren Stadtteilen vertreten, und hier findet man immer ein Mitbringsel, und sei es nur der köstliche Kaffee.

Piazzale del Parco della Rimembranza 13 • Bus 53 • +39 06/ 86 39 18 74 • www.castroniaiparioli.it • Mo–Sa 9–14, 15.30–20 Uhr

* Coin

Nettes, kleines **Mode- und Möbelkaufhaus** mit mehreren Filialen in Rom. Hier gibt es vor allem klassisch-sportliche Basics, unter anderem hängt die Marke »Esprit« auf den Bügeln. Hübsche Schals, Taschen und Wohnaccessoires.

Viale Regina Margherita 26 • Tram 2,3, Bus 52 • +39 06/88 85 78 99 • www.coin.it • Mo–Sa 10–19.45 Uhr

* La Rinascente

Eines der wenigen **echten Kaufhäuser** Roms befindet sich direkt an der Piazza

Geht gar nicht

Nicht immer ist das Personal in den Geschäften superfreundlich. Bitte nicht ärgern und stattdessen einfach mal ganz italienisch ein Auge zudrücken!

Fiume. Wie in den meisten italienischen Kaufhäusern findet man hier in erster Linie Mode, Schuhe, Parfums und Möbel. Exklusives Ambiente. Eine weitere Filiale liegt in der Galleria Colonna.

Piazza Fiume • Metro: Barberini • +39 06/884 12 31 • www.rinascente.it • Mo–Fr 9.30–21, Sa 9.30–21.30, So 10–21 Uhr

✳ Livia Crispolti

Unweit des Goethe-Instituts befindet sich das **Strickatelier** von Livia Crispolti. Wenn sie an ihrem Webstuhl das Schiffchen durch die Kette jagt, entsteht mehr als nur ein Schal oder eine Jacke. Das sichere Gespür der Designerin für Farben und Materialien macht ihre Stücke zu kleinen Kunstwerken. So hat Missoni auch mal angefangen!

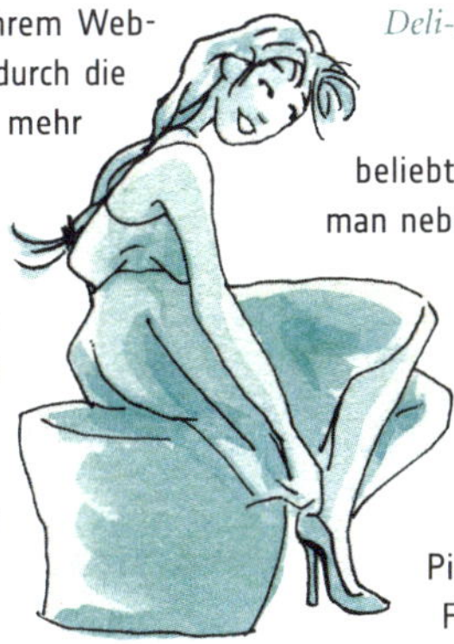

Via Tevere 15 • Bus 52, 63, 83 • +39 06/687 33 90 • www.liviacrispolti.com • Mo 15.30–19.30, Di–Sa 9.30–19.30 Uhr

✳ Mercatino Flaminio

Klamotten, so weit das Auge reicht! Dieser große **Straßenmarkt** im Borghetto Flaminio unweit der Piazza del Popolo ist auch bei den Einheimischen

↑ *Man sollte zumindest einen Cappuccino an der überfüllten Bar des Deli-Paradieses »Castroni« trinken.*

beliebt. An gut 240 Ständen findet man neben Haushaltswaren Designerstücke, Schmuck oder auch Vintage-Mode. Das Mitbringsel für die beste Freundin ist gesichert! Im August geschlossen.

Piazza della Marina 32 • Metro: Flaminio • +39 06/588 05 17 • So 10–19 Uhr • 1,60 €

✳ Parioli 77

Coole und gleichzeitig elegante Boutique im Viale Parioli, einer Verlängerungsstraße des Viale Regina Margherita. **Moderne, stilvolle Mode**, außerdem Schuhe und Accessoires. Ein Besuch lohnt sich!

↑ *Im eleganten Strickatelier der gefragten Designerin Liva Crispolti sind farbenfrohe* handmade-*Stücke zu finden.*

Viale dei Parioli 77 · Tram 2, 3 · +39 06/808 59 57 · Mo 15.30–19.30, Di–Sa 10–13, 16–20 Uhr

✳ Poems

Trendige Boutique etwas abseits der Einkaufsmeile Viale Regina Margherita, dafür aber in nächster Nähe zum traumhaften Park Villa Ada. Mit italienischer Mode hat Poems eher wenig am Hut: Es gibt Jacken aus Kunstleder und coole Kleider, z. B. von Stella McCartney. *London Calling* in Rom.

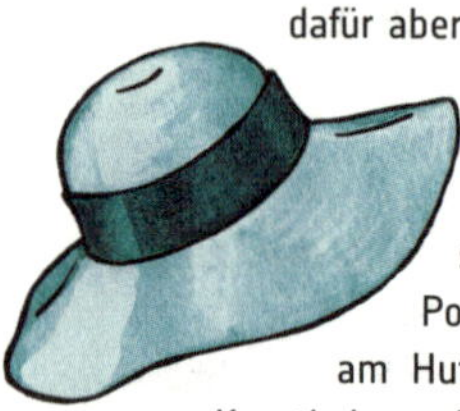

Via di Priscilla 37 · Metro: Policlinico · +39 06/86 21 87 59 · Mo 16–20, Di–Sa 10–13, 16–20 Uhr

✳ Porta di Roma

Wer lieber der Kultur frönt als stundenlang durch die Geschäfte zu bummeln, dem bietet das gigantische **Einkaufszentrum** Porta di Roma die ideale Lösung. Auf drei Etagen sind hier Boutiquen, Schuh- und Sportgeschäfte, ein Mega-Kino, Restaurants und sogar ein Ikea untergebracht. Im Sommer finden draußen auf der kleinen Piazza regelmäßig Veranstaltungen statt.

Via Alberto Lionello 201 · Bus 38, 80b, 435 · www.galleriaportadiroma.it · Tgl. 10–22 Uhr

✳ Scarpamondo

Schuhgroßhandel (*Scarpamondo* bedeutet »Welt der Schuhe«) außerhalb des Stadtzentrums. Es lohnt sich, auf dem Weg zum Einkaufszentrum »Porta di Roma« (s. oben) einen Abstecher hierher zu machen, denn bei dem riesigen Angebot findet man für jede Gelegenheit das passende Modell. Es gibt sogar Wanderschuhe. Beim Schlussverkauf, den *Saldi*, wird bis zu 80 Prozent reduziert.

Via Ugo Ojetti 500 · Bus 63, 337 · +39 06/899 02 29 78 · www.scarpamondo.it · +39 06/45 65 31 87 · Tgl. 9.30–20 Uhr

✳ Segue

Die klitzekleine Boutique verkauft **modische Taschen** der 2001 von zwei attraktiven Brüdern gegründeten Marke Segue, aber auch Benetton oder Sisley, und das zu guten Preisen. Zu *Saldi*-Zeiten kosten die farbenfrohen Stücke teils unter 10 €.

Viale Regina Margherita 109 · Tram 2, Bus 63 · +39 06/85 35 87 54 · www.segue.it · Mo 15–19.30, Di–Sa 9.30–19 Uhr

✳ Stelio Malori

Hier kann man sich in zauberhafte **italienische Schuhe** verlieben. In den 70er-Jahren fertigte Firmengründer Stelio hier seine ersten Modelle an. Heute findet man seine Schuhe nicht nur in drei modernen Filialen in Rom, sondern sie werden auch ins Ausland verkauft.

Viale Regina Margherita 23 · Metro: Policlinico · +39 06/45 65 31 87 · www.studiomalori.it · Mo 15–19.30, Di–Sa 9.30–19 Uhr

✳ Tezenis

Bei Tezenis im Viale Libia findet man bequeme **Unterwäsche**, die gut sitzt und trotzdem sexy ist. Es gibt viele verschiedene Farben und Formen, eine schicke Badekollektion und neuerdings auch Klamotten im »Casual Style«, alles zu konkurrenzfähigen Preisen.

Viale Libia 103 · Metro: Libia · +39 06/86 32 00 40 · www.tezenis.it · Mo–Sa 9.30–20 Uhr

Das »La Rinascente«, eines der wenigen Kaufhäuser in Rom, liegt unweit der bedeutenden Porta Pia. →

Restaurants & Cafés

In der Gegend um die Porta Pia, in Parioli und Trieste-Salario findet man sowohl typische, rustikale Pizzerien und Osterien als auch exklusivere Restaurants. Empfehlenswert sind die preisgünstigen Mittagsmenüs, die auch bei der arbeitenden Bevölkerung Roms Anklang finden. In den Bars sollte man sich immer vorab informieren, ob zur Happy Hour ab 18 Uhr auch ein Gratisbüfett geboten wird, denn in manchen Lokalen gibt es zum Getränk nur schnödes Salzgebäck. In dieser Ecke der Stadt bietet sich auch ein Picknick in einem der wunderbaren Parks an, z. B. mit einem Stück Pizza.

* Al Settimo Gelo

Der kleine Familienbetrieb im Nordwesten Roms setzt bei seinem hausgemachten **Eis** auf »Natur pur«, d. h. beste biologische Zutaten ohne künstliche Zusätze. Diverse originelle Geschmacksrichtungen: Unbedingt Zimt-Ingwer oder Sesam-Honig probieren!

Via Vodice 21a • Bus 280, 186 • +39 06/372 55 67 • www.alsettimogelo.it • Di–So 10–23 Uhr (Sommer), Mo–Do 10–20, Fr, Sa 10–20.30, So 11.30–14, 15.30–20 Uhr (Winter)

* Caffè delle Arti

Dieses **Restaurant-Café** der gehobenen Preisklasse neben der Galleria Nazionale d'Arte Moderna ist ein echter Traum, vor allem im Sommer, wenn die Terrasse geöffnet hat. Wer nicht so viel ausgeben möchte, kommt einfach am Sonntag zum Brunch.

Via Antonio Gramsci 73 • Tram 2, 3 • +39 06/32 65 12 36 • www.caffedelleartiroma.it • Mo 8–17, Di–So 8–24 (Sommer), Mo 8–17, Di–So 8–20 Uhr (Winter) • Brunch ab 28 €

Geht gar nicht

Römische Cafés eignen sich selten zum Verweilen. Meist trinkt die Römerin einen schnellen Espresso am Tresen, am Tisch wird's meistens teuer!

✳ Caffè Ponte Milvio

Wer unter Leute will, sollte sich zur Brücke Ponte Milvio begeben, wo sich abends die römische Jugend trifft. Zur Happy Hour kann man in dieser **Bar** prima einen Cocktail, Spritz oder Mojito mit Salzgebäck dazu schlürfen, der Rest kann teuer werden.

Piazzale di Ponte Milvio 44 · Bus 53, 200 · +39 06/33 33 34 61 · Tgl. 6–21 Uhr · Drinks ab 6 €

✳ Cambridge Cafè

In der modern eingerichteten **Bar** gibt es täglich leckere Mittagsgerichte und um 18 Uhr ein kleines Büfett mit Schnittchen und Pizza, sofern man einen Drink bestellt. Ideal, um eine Pause einzulegen und sich zu stärken. Wer in der Nähe wohnt, sollte dort auch frühstücken, nette Atmosphäre!

Via Regina Margherita 67 · Bus 280, 186 · +39 06/854 03 67 · Tgl. 6–22 Uhr

✳ Cinecaffè

Das **exklusive Restaurant** direkt in der Villa Borghese kann mit einer der besten Lagen Roms aufwarten, doch leider zahlt man hier eher für das Ambiente als für den Service oder das Essen. Zu empfehlen ist aber das sonntägliche Brunchbüfett mit Pasta, Fisch- und Fleischgerichten sowie Desserts für 25 € – Wasser und Kaffee inbegriffen.

Largo Marcello Mastroianni 1 · Metro: Barberini · +39 06/42 36 01 · www.cinecaffe.it · Tgl. 9–19 Uhr

✳ I Butteri

In dem rustikal eingerichteten Lokal im Country-Style ist immer was los! Bekannt ist es für seine göttlichen **Steaks aus der Toskana**, zu denen *Patate al Forno* (geviertelte Ofenkartoffeln mit Rosmarin) und andere Beilagen wie *Fagioli* (weiße oder braune Bohnen) oder *Cicoria*, ein köstliches Bittergemüse, das aber nichts mit Chicorée zu tun hat, serviert werden.

Piazza Regina Margherita 28 · Metro: Castro Pretorio · +39 06/854 81 30 · www.ibutteri.it · Tgl. 12.30–15, 19.30–1 Uhr · Hauptgerichte ab 12 €

✳ La Pergola

Eine herrliche Aussicht auf die Ewige Stadt macht das exklusive **Drei-Sterne-Dachterrassenrestaurant** des deut-

Die italienische Küche ist in der ganzen Welt angesagt, doch am besten schmeckt gelato doch immer noch in Italien!

schen Starkochs Heinz Beck im »Hotel Cavalieri, Waldorf & Astoria« auf dem Monte Mario zu einem der besten Restaurants von ganz Rom. Erlesenes Essen, toller Service und traumhaftes Ambiente zu entsprechenden Preisen. Im Hotel gibt es auch einen Brunch, allerdings ohne Panoramablick.

Via Alberto Cadlolo 101 · Bus 907 · +39 06/350 91 · www.romecavalieri.it · Tgl. 19–0 Uhr · ab 50 €

✳ Mamma Angelina

Das Mamma Angelina ist im ganzen Stadtviertel Trieste bekannt für seine *Pasta fatta in casa*, hausgemachte Nudeln. In dem gemütlichen Restaurant kann man bei **traditionellen Spezialitäten** und himmlischen Desserts hemmungslos dem Dolce Vita frönen, und das zu absolut fairen Preisen.

Viale Arrigo Boito 65 · Metro: Libia · +39 06/860 89 28 · Do–Di 12.45–14.45, 19.45–22.45 Uhr · ab 10 €

✳ Matthew's Bar

Coole kleine **Bar** im Vintage-Style für junge Leute im Herzen von Parioli. Wohnzimmeratmosphäre, immer nettes Personal. Matthew lädt morgens zum Frühstück, danach *a pranzo*, also zum Mittagessen, und abends zur Happy Hour ein. Am Mittwochabend ist Livemusik angesagt.

Via Gualtiero Castellini 16 · Bus 53 · +39 06/80 69 06 42 · Mo–Sa 6–21 Uhr

✳ Millevoglie

In einer kleinen, unscheinbaren Straße wartet ein wahres Kleinod auf seine Gäste. In dem stilvollen, modernen **Restaurant** ***di classe*** wird man herzlich empfangen, egal, ob zum Mittag- oder Abendessen. Bei den appetitlich angerichteten Speisen isst auch das Auge gern mit. Das Antipasti-Büfett gehört zu den absoluten Highlights.

Via Ajaccio 47 · Metro: Libia · +39 06/84 14 8 56 · www.millevoglie.it · Mo–Fr 13–15, Mo–Sa 19.30–23 Uhr · Hauptgerichte ab 10 €

✳ Ops!

Auch in Italien ist die fleischlose Küche schwer im Kommen. Dieses vorzügliche **vegetarische Restaurant** liegt im Nobelviertel Parioli. In den freundlich eingerichteten Räumen wird ein reichhaltiges Büffet angeboten, man kann aber auch à la carte essen. Vor dem Lokal schöne überdachte Sitzgelegenheiten.

Via Bergamo 56 · Bus 280, 186 · +39 06/841 17 69 · www.opsveg.com · Mo 10.30–15.30, Di–So 10.30–23 Uhr · Gerichte ab 8 €

✳ Panamino

Hübsch inmitten des wunderschönen Parks der Villa Ada gelegene **Bar**. Man kann hier frühstücken, eine Kleinigkeit zu Mittag essen oder sich nach einem anstrengenden Shoppingtag in aller Ruhe einen Cocktail gönnen. Dolce Vita pur!

Via Panama/Parco Rabin 23 • Bus 168 • +39 06/841 55 61 • www.panamino.it • Tgl. 7–21 Uhr

✳ Pepe Nero

Statt Touristen tummeln sich in diesem **Restaurant** unweit der Villa Borghese mittags einheimische Businessleute – immer ein gutes Zeichen. Superpizza, große Portionen, netter Service und günstige Preise!

Via Isonzo 11/13 • Bus 53, 63 • +39 06/855 76 20 • Di–Fr 12.30–15, 19–23.30, Sa, So 19–23.30 Uhr • ab 10 €

✳ Ristorante QB

In diesem Restaurant der mittleren bis gehobenen Preisklasse gilt das Motto: sehen und gesehen werden. Gut gekleidete Römer genießen hier bei perfektem Service raffinierte **italienische Köstlichkeiten**. Im Sommer kann man auf der schönen Terrasse sitzen. Ab 18 Uhr Happy Hour mit Büfett!

Via Alessandro Scarlatti 11/13 · Metro: Policlinico · +39 06/85 35 20 10 · www.ristoranteqb.it · Mo–Fr 12.30–15.30, 18–0, Sa, So 18–0 Uhr · Nudelgerichte ab 12 €

✳ S[illegible]l

Nur vo[illegible]insten! Zwei junge [illegible]e erfinden in diese[illegible]s-taurant die **klass[illegible]** **römische Küche** au[illegible] [illegible]tasievolle Weise neu, u[illegible] das in elegant-gemütliche[illegible] Ambiente. Der deutsche Starkoch [illegible]z Beck war auch zufrieden. Tolle Adress[illegible]

Via Eleonora Duse 1/E · Metro: Policlinico · +39 06/80 68 71 78 · www.smolparioli.com · Mo–Fr 12–0, Sa 19.30–0 Uhr · Hauptgerichte ab 20 €

✳ Tribeca Cafē

Sehr geschmackvoll eingerichtetes **Cafē** mit dunklen Holzböden in der Nähe der Porta Pia. Reichhaltiges Frühstücksbüffet, ab 18 Uhr zur Happy Hour gibt es Pizza, Reissalat, Couscous und gegrilltes Gemüse bei einem Getränk nach Wahl für nur 10 €.

Via Messina 29 · Metro: Castro Pretorio · +39 06/44 25 09 23 · www.tribecacafe.net · Mo–Sa 7–23, So 18–23 Uhr

✳ Vanni

Was wäre der Nordwesten Roms ohne Vanni! Die berühmte **Bar der Lokalprominenz**, die oft gleich nebenan beim italienischen Fernsehen arbeitet, hat gastronomisch ihre besten Zeiten längst hinter sich. Trotzdem ist sie noch immer eine Institution. Egal, ob Kaffee, eine kleine Stärkung oder ein großes Abendessen, die Preise sind [illegible]f jeden Fall gesalzen.

Via [illegible]di Lana 10 · Metro: Flaminio · +39 0[illegible]2 64 90 41 · www.vanni.it · Tgl. 8–0 Uhr

Die Römer nennen ihre zahlreichen Kaffeepausen liebevoll Caffettino, *»Käffchen«.* →

Wellness

Im noblen Norden Roms mangelt es nicht an Schönheitssalons und Wellnesscentern, denn die betuchten Anwohnerinnen können es sich leisten, wöchentlich zum Haarelegen oder zur Maniküre zu gehen. Die meisten Römerinnen sind berufstätig und haben zudem Familie, doch einen Friseurtermin auszulassen kommt nicht infrage. Und wo kann man nach einer stressigen Woche auf hohen Absätzen besser entspannen als bei einer wohltuenden Massage oder Gesichtspflege? Als Touristin geht es einem nach einem intensiven Sightseeingprogramm natürlich nicht anders. Leider sind die Salons in dieser Ecke der Stadt nicht gerade billig, allerdings bieten die meisten Fitnessstudios einen kostenlosen Schnuppertag an.

* Aquaniene

Fitnessklub und Wellnesscenter in einem! Bei schlechtem Wetter kann man hier locker einen ganzen Tag verbringen. Das vielseitige Kursangebot reicht von Pilates bis Hip-Hop und der Pool hat Olympia-Maße. Anschließend lädt das türkische Bad zum Entspannen ein.

Viale della Moschea 130 · Bus 231 · +39 06/80 07 84 76 · www.aquaniene.it · Mo–Fr 7–22, Sa 7–18.30, So 8.30–14 Uhr

Don't miss

Die Dienstleistungen, die viele Wellnesscenter sehr günstig über Ticketanbieter wie z. B. Groupon verkaufen (www.groupon.it). Aber Vorsicht: Oft sind diese Sonderangebote an Bedingungen geknüpft – das Kleingedruckte genau lesen!

* Hair Studio Basento

Ein neuer stylisher Haarschnitt aus Rom gefällig? Dann ist man im Hair Studio Basento richtig. Italienische **Friseure** verstehen ihr Handwerk und finden zum neuen Outfit garantiert den passenden Look. Wenn das Budget es zulässt, kann man auch gleich noch Maniküre oder Gesichtsbehandlung mitnehmen. Die Preise liegen im mittleren Bereich.

!Rom und seine faszinierenden Parks

Ja, in Rom kann man auch entspannen! Kaum zu glauben, aber in dieser hektischen, verkehrsreichen Stadt gibt es erstaunlich viele Grünflächen, und das manchmal dort, wo man sie am wenigsten erwartet. Eltern spielen dort mit ihren Kindern, Studenten lesen auf der Wiese, und Touristen machen eine Sightseeing-Pause.

Im Norden befinden sich gleich drei beeindruckende Parkanlagen mit ganz besonderem Flair. Man kann sich gut vorstellen, wie die ehemaligen Besitzer einst in ihren Villen lebten, denn es ist ein bisschen, als wäre dort die Zeit stehen geblieben.

Die weitläufige Villa Borghese ist eine Oase der Ruhe inmitten des Großstadttrubels und dehnt sich bis in den Norden der Stadt aus. Man kann über einen kleinen See rudern, Fahrräder ausleihen oder sich im Panoramazug durch den Park fahren lassen.

Ein weiterer herrlicher Park ist die Villa Torlonia (S. 57), eine romantische, im englischen Stil angelegte Grünanlage, die von 1925 bis 1943 Mussolinis Privatresidenz war. Die meisten der 1802 dort errichteten Gebäude wurden in den letzten Jahren restauriert und dem Publikum zugänglich gemacht: das *Villino rosso* mit seinen Jugendstilfenstern, die *Limonaia*, heute ein Restaurant, das *Casino dei Principi*, der Neurenaissancepalast *Casino Nobile* und das pittoreske Märchenschlösschen der Steinkäuze, *Casina delle Civette* mit seinen Fensterscheiben aus Buntglas.

Etwas abseits der Touristenströme liegt die traumhafte Villa Ada, dabei ist sie gut mit öffentlichen Verkehrsmitteln (Bus 86a) erreichbar. Eingänge befinden sich in der Via Salaria und in der Via Panama. Der Park der ehemaligen Residenz von König Vittorio Emanuele II. wirkt mit seiner waldähnlichen Bepflanzung zum Teil noch sehr ursprünglich. Im Sommer findet man hier viel Schatten und kann zu einem kleinen künstlichen See spazieren.

Via Basento 17/19 · Bus 63, 83 · +39 06/855 32 95 · www.hairstudiobasento.com · Di–Sa 10–19, im Sommer Mo–Fr 10–19 Uhr · Haare föhnen oder legen ab 16 €

✳ Hammam Balkis

Im **türkischen Dampfbad** und in der Sauna lässt es sich wunderbar entspannen. Außerdem hat das Spa Ganzkörpermassagen und Körperpeelings im Angebot. Das Personal ist sehr freundlich und bemüht, den Aufenthalt so angenehm wie möglich zu gestalten. Tipp: Vorab auf die Website schauen, dort gibt es oft Angebote.

Via Alessandria 121 · Metro: Castro Petrorio · +39 06/85 58 83 · www.hammambalkis.com · Mo–Sa 10–19 Uhr · Saunagang mit Körperpeeling und Massage für zwei Personen ab ca. 110 €

Don't miss

Einen Lach-Yoga-Kurs bei »Yoga della Risata«: Dieser umwerfend komischen sportlichen Betätigung kann man an mehreren Orten in Rom nachgehen, jeweils an unterschiedlichen Wochentagen (ab 5 €). www.yogadellarisata.it

✳ NailStore

Für den perfekten Auftritt braucht man perfekte Nägel! Der modern eingerichtete Beautysalon bietet in coolen, gemütlichen Sesseln **Maniküre und Pediküre** oder auch gleich künstliche Fingernägel. Wer sich nicht entscheiden mag, kann auch beides zusammen buchen.

Via Alessandria 84 · Metro: Castro Pretorio · +39 06/44 20 20 42 · www.nailstore.it · Mo–Fr 9.30–20, Sa 9.30–14.30 Uhr (Sommer), Mo 11–20, Di–Fr 9.30–20, Sa 9.30–19 Uhr (Winter) · Maniküre 20 €

✳ Parco dei Principi Grand Hotel & Spa

Im Parco dei Principi-Hotel im Nobelviertel Parioli ist erwartungsgemäß alles nur vom Feinsten. Das hauseigene »Prince Spa« bietet einen **professionellen Wellnessbereich** mit zwölf verschiedenen Behandlungsräumen. Leider ist der Spaß entsprechend kostspielig.

Via G. Frescobaldi 5 · Bus 223, 910 · +39 06/85 44 24 94 · www.parcodeiprincipi.com · Tgl. 7–22 Uhr · Gesichtsbehandlung mit Kaviar und Goldmaske ab 95 €

✳ Rome Cavalieri

Im **Spa** des ehemaligen Hilton-Hotels auf dem Monte Mario bleiben keine Wünsche offen! Eine der exklusivsten

Adressen Roms besticht durch ihr grandioses Panorama über die Stadt. Das »Grand Spa« befindet sich in einer Suite mit zehn luxuriös ausgestatteten Zimmern und übertrifft mit seinem Angebot die Konkurrenz um Längen.

Via Alberto Cadlolo 101 · Bus 907, 913 · +39 06/3 50 91 · www.romecavalieri.de · Tgl. 7–22.30 Uhr · Wellnesspaket inklusive Sauna, Hydromassage-Pool, türkischem Dampfbad, Fitnesscenter, Innen- und Außenpool Mo–Fr 45 €, Sa, So 85 €

✳ Smart & Beautiful

Der moderne **Schönheits- und Haarsalon** liegt direkt an der Hauptverkehrsader von Parioli und ist ein beliebter VIP-Treffpunkt. Vielseitiges Angebot, vom Haareschneiden über Maniküre bis hin zur Gesichtsmassage.

Viale Liegi 54 · Tram 2, 3, Bus 53 · +39 06/85 35 71 23 · www.smartbeautiful.it · Di–Sa 9–19 Uhr · Haarschnitt ab 24 €

✳ Sole e Benessere

Das gepflegte Sonnen- und **Schönheitsstudio** liegt in der Nähe der lebendigen Piazza Mazzini, wo sich die Studios des TV-Senders RAI befinden. Professionelle Gesichts- und Körperbehandlungen, extrem freundliche Mitarbeiter. Kaum zu glauben, dass sich die Römer bei dem meist traumhaften Wetter so gern auf die Sonnenbank legen.

Via Vodice 13–15 · Bus 224, 628 · +39 06/372 19 14 · www.solebenessere.it · Tgl. 7–22 Uhr · Fangomassage ab 50 €, künstliche Nägel 100 €

Wellness braucht das Frauenherz, besonders bei schlechtem Wetter! Das »Hamman Balkis« ist dafür ein idealer Ort. →

Ausgehen

Der feine Norden Roms ist kein klassisches Ausgehviertel. Vor einigen Jahren hat hier das bekannte Auditorium eröffnet, ein moderner Musikkomplex, in dem täglich Konzerte stattfinden, von Klassik bis hin zu internationalem Pop. Die Jugend trifft sich zum *Aperitivo* – oder danach – gerne rings um die Brücke Ponte Milvio, oder man steht erst mal lange in Grüppchen auf der Straße herum, um dann in die Klubs in den anderen Stadtvierteln zu fahren. Die betuchten Töchter und Söhne treffen sich aber auch gern auf einen Cocktail in den Bars von Parioli oder Salario. Für Jazzfans gibt es den »Cotton Club«, und wer es eher alternativ mag, sollte sich das immer gut besuchte »Brancaleone« anschauen.

Alien Disco

Die elegante und trendige **Diskothek** unweit der Porta Pia ist im Barockstil aufgemacht und verfügt über zwei Säle, die Black-, Dance- oder House-Musik spielen. Das Publikum ist zwischen 25 und 45 Jahre alt, und die Öffnungstage und -zeiten ändern sich ständig.

Via Velletri 13 · Metro: Repubblica · +39/335 57 15 27 15 · www.aliendisco.it · Fr, Sa 21–6 Uhr · Eintritt 10 €

Arcadia

In dem gemütlichen **Salsa-Lokal**, das leider etwas abseits liegt, kann man vor Beginn des Tanzbetriebs um 23 Uhr auch essen. Die Tanzfläche ist nicht sehr groß, dafür kommt man in der familiären Atmosphäre schnell in Kontakt mit den *Salseri*.

Via di Settebagni 320 · Metro: Conca d'Oro · +39 06/87 13 64 07, +39/33 56 86 98 09 · www.arcadiapub.it · Di–So 20–3 Uhr

Auditorium Parco della Musica

Konzerte, Veranstaltungen, Kino-, Tanz- und Jazzfestivals, das Angebot ist gigantisch! Neben drei Konzerthallen und einem Buchladen hat das Auditorium

Geht gar nicht

In Italien ticken die Uhren anders! Man sollte sich nicht immer auf Öffnungszeiten und -tage verlassen und auf jeden Fall vorab einen Blick auf die Websites werfen.

! Summer in the City – Rom im Sommer

In den heißen Sommermonaten haben viele Lokale in Rom geschlossen, an ihre Stelle treten allerdings unzählige Open-Air-Festivals. So laden von Mitte Juni bis Anfang September am Tiberufer zahlreiche Verkaufsstände, Bühnen und Bars zum Flanieren und Verweilen ein (www.lungoiltevereroma.it).

Herrlich sind auch die lauen Sommerabende an der Engelsburg (www.castelsantangeloestate.it), allerdings ist das Essen an den Verkaufsständen teuer und nicht immer gut. Auf kleinen Bühnen wird Musik gemacht, und es gibt Tischtennisplatten und ein Open-Air-Kino. Jazz- und Swing-Liebhaber sollten sich auf keinen Fall das Jazzfestival in den eleganten Gärten der Villa Celimontana (www.villacelimontanajazz.com) und der Casa del Jazz (S. 138) entgehen lassen. In zauberhafter Atmosphäre lauscht man bei einem Glas Wein der Musik und genießt die »heiße Nacht« im Grünen.

Am kleinen See der Villa Ada treffen sich die Fans von World Music. Dieses Festival ist bei den Einheimischen besonders beliebt und wird durch die kleinen Imbissstände mit exotischen Köstlichkeiten zu einem kulturellen Ereignis für alle Sinne (www.villaada.org).

Klassikfreunde kommen im Marcellus-Theater (www.tempietto.it) auf ihre Kosten. Teurer wird es in den Caracalla-Thermen (S. 124), in die das Opernhaus im Sommer seine Aufführungen verlegt, während die Casa del Cinema in der Villa Borghese neuneinhalb Wochen lang gratis unter freiem Himmel Filme und Opern auf der Leinwand zeigt (S. 54).

Dazu kommen noch Hunderte von kleinen Veranstaltungen, denn fast jedes Stadtviertel hat seine eigene Kulturinitiative. Einen festen Turnus gibt es bei all diesen Veranstaltungen nicht.

auch eine **Open-Air-Bühne**. Zum Leute- und Promigucken bietet sich ein *Aperitivo* in der Bar an. Unbedingt vorab ins aktuelle Programm schauen!

Viale Pietro de Coubertin 30 • Bus 53, 233 • +39 06/80 24 25 01 • www.musicaperroma.it

✳ Brancaleone

Ein Kulturzentrum der besonderen Art! In dem hippen **alternativen Klub** finden Konzerte, Performancekunst und Ausstellungen statt, auch ein DJ legt auf. Das Brancaleone ist ein ganzes Stück außerhalb des Zentrums gelegen, doch dank der neuen Metro B1 inzwischen leicht erreichbar. Trotzdem muss man mit dem Bus weiterfahren und nachts ja sowieso mit dem Taxi zurück.

Via Levanna 11 • Metro: Conca d'Oro, Bus 60 • +39/33 95 07 40 12 • www.brancaleone.eu • Do–Sa 19.30–4.30 Uhr

✳ Caffè Tortuga

Die **Bar** mit nettem, jungem Publikum liegt direkt vor einem der bekanntesten Gymnasien der Stadt, dem Liceo Classico Giulio Cesare, das auch der Sänger Antonello Venditti besuchte. Man kann beim *Aperitivo* schön draußen sitzen, eine Kleinigkeit essen oder einfach nur ein Bier trinken. Trotz der teuren Gegend mittlere Preisklasse.

Piazza Trasimeno 4 • Metro: Libia • +39/39 30 73 65 16 • Mo–Do 7–1.30, Fr, Sa 7–2.30, So 17.30–1 Uhr

✳ Casina dei Pini

Perfekt, um bei einem Cappuccino, Bier oder Cocktail zu entspannen, denn die **Restaurant-Bar im Grünen** nahe der deutschen Kunstakademie Villa Massimo hat den ganzen Tag über geöffnet. Die Atmosphäre ist für Rom ungewöhnlich locker, das Essen allerdings etwas einfallslos.

Viale di Villa Massimo 8a • Metro: Sant'Agnese/Annibaliano • +39 06/44 24 47 07 • Mo 10–18, Di–Sa 10–2, So 10–1 Uhr

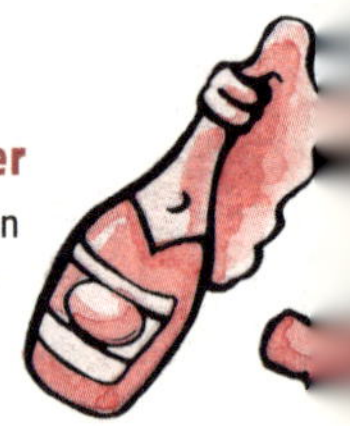

✳ Casina Valadier

Eines der elegantesten und teuersten Restaurants Roms, oberhalb der Piazza del Popolo auf dem Pincio in der Villa Borghese gelegen. Schon allein der abendliche Anblick des mit Kerzen beleuchteten Vorgartens ist ein Traum. Es werden aber auch **Tanzabende und *Aperitivi*** geboten, die den Geldbeutel nicht ganz so strapazieren. Auf die Website schauen!

Piazza Bucarest • Metro: Flaminio • +39 06/69 92 20 90 • www.casinavaladier.it • Di–So 12.30–15, 19.30–23 Uhr

✳ Cheers Cafe

Modern eingerichtete Bar, ideal, um den anstrengenden Tag mit einer Happy Hour ausklingen zu lassen. Wer danach noch Energie hat, bleibt gleich zum Abendprogramm da, denn ab halb zehn gibt es oft **Livemusik**. Gemischtes Publikum. Am Sonntag wird beim Büfett sogar Fisch angeboten!

Via Migiurtinia 39/41 • Metro: Libia • +39/33 56 86 98 09, +39 06/86 32 22 77 • Di–So 18.30–2 Uhr

✳ FluCafè

Die Bar bietet Mittag- und Abendessen, besonders zu empfehlen ist die **Happy Hour** von 18 bis 21 Uhr, die am Sonntag sogar bis 23 Uhr dauert. Nette, entspannte Atmosphäre, im Hintergrund läuft gute Musik.

Via Alessandro Scarlatti 4b • Bus 53 • +39 06/854 95 14 • www.flucafe.it • Tgl. 12–2 Uhr

✳ Lo Zodiaco

Auf dem Hügel Monte Mario muss man einmal gewesen sein – zum Essen, auf einen Cocktail oder einfach nur zum Schauen! Die **elegante Restaurant-Bar** der gehobenen Preisklasse mit ihren offenen Glasfenstern bietet einen atemberaubenden Blick auf Rom. Sie ist nur etwas schwierig zu finden. Von der Bushaltestelle kann man zu Fuß weitergehen. Taxis kennen den Weg, aber vorher den Preis ausmachen!

Viale del Parco Mellini 88 • Bus 907, 913 • +39 06/354 96 67 44 • www.zodiacoroma.it • Tgl. 12–15.30, 19.30–23.30 Uhr, Di mittags hat nur die Bar geschlossen

✳ Numbs

Die **elegant eingerichtete Bar** mit jungem Publikum an der Piazza Istria hat von morgens bis abends geöffnet. Das Mittag- und Abendessen ist seinen

Konzerte mit Klasse steigen im »Auditorium«. Vorher empfiehlt sich ein Drink an der stylischen Bar. →

Das Restaurant »Casina Valadier« residiert in einem traumhaften Gebäude – es ist nicht billig, aber etwas Besonderes!

Preis nicht immer wert, deshalb empfiehlt sich die Happy Hour, oder man nimmt hier nach dem Abendessen einfach noch einen Kaffee oder Drink.

Corso Trieste 150B • Metro: Sant' Agnese/Annibaliano • +39 06/ 93 93 17 64 • www.numbs.it • Tgl. 7–2 Uhr

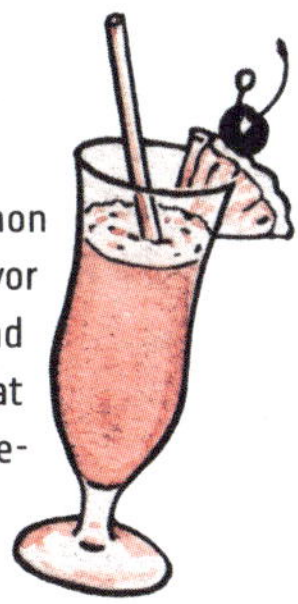

✳ Piper Club

Die Diskothek hat schon bessere Tage gesehen, vor allem in den 1960er- und 1970er-Jahren. Damals trat hier die bekannte italienische Sängerin Patty Bravo auf, und wen es ins Showbusiness zog, der kam am Piper nicht vorbei. Heute trifft sich hier ein **sehr junges Publikum**.

Via Tagliamento 9 • Bus 63, 83 • +39 06/85 55 53 98 • www.piper club.it • Sa 23–5 Uhr • Eintritt ab 10 €

✳ Sesto Senso

Die **alteingesessene Diskothek** gehört zu den bekanntesten Klubs in der Gegend um die Via Cassia. Drei bis vier Säle, von Charthits bis *Musica latina*. Nette Stimmung mit gemischtem Publikum, leider etwas außerhalb gelegen.

Via Di Grottarossa 175 • Metro: Flaminio • +39 06/33 26 32 15 • Sa 23–5 Uhr • Eintritt 15 €

✳ Stil Novo Club

Die stilvoll ausgestattete **kleine Disko** befindet sich in schöner Lage an der Piazza Mazzini. Die Atmosphäre ist entspannt, und je nach Themenabend wird schon auch mal nur Retromusik der 1960er- bis 1980er-Jahre gespielt. Das Publikum ist überwiegend jung. Im Sommer geschlossen.

Via Sabotino 14 • Bus 30, 89 • +39/33 32 52 66 71 • www.stilnovo club.it. • Di–So 18.30–3 Uhr • Eintritt frei, Getränke ab 5 €

✳ The Cotton Club

Am eleganten Corso Trieste liegt dieses geniale **Jazzlokal**. Inhaberin ist die britische Jazzsängerin Minnie Minoprio. Das Publikum ist keine 20 mehr, aber die Swing- und Jazzkonzerte sind sensationell. Das Programm beginnt in der Regel erst gegen 22 Uhr, und man kann hier auch zu Abend essen, doch das Preis-Leistungs-Verhältnis stimmt leider nicht immer.

Via Bellinzona 2 • Metro: Sant'Agnese/ Annibaliano • +39 06/97 61 52 46 • www.cottonclubroma.it • Do–Sa 20–0 Uhr • Eintritt inkl. Getränk 15 €

Übernachten

Da der gepflegte Norden Roms kein typisches Ausgehviertel ist, hat man hier nachts seine Ruhe und kann die traumhaften Parks für einen morgendlichen Spaziergang nutzen. Seit Fertigstellung der neuen Metro B1 sind auch die eleganten Ecken unweit der lang gezogenen Via Nomentana leichter erreichbar geworden, wie etwa Salario und Trieste oder die kleinen Seitenstraßen zwischen Villa Torlonia und der deutschen Kunstakademie Villa Massimo. Hier gibt es süße B&Bs und idyllische Pensionen zu günstigen Preisen. In Parioli hingegen lassen die Luxushotels mit ihren Wellnessbereichen und Schönheitssalons keine Besucherwünsche offen.

* Hilton Garden Inn Rome Claridge

Das **Hotel** befindet sich direkt an der Hauptstraße in Parioli und verfügt über ordentliche und relativ moderne, wenn auch etwas kleine Zimmer. Das Abendessen im Sommer auf der Dachterrasse mit Blick auf den Petersdom ist der Hit. Sehr freundlicher und dezenter Service.

Viale Liegi 62 • Tram 2, 3, Bus 53 • +39 06/84 54 41 • www.hotelclaridgerome.com • DZ ab 106 €

* Hotel Panama Garden

Ein **altehrwürdiges Hotel** aus den 1960er-Jahren, nur wenige Schritte vom Park der Villa Ada entfernt. Die neu renovierten Zimmer überraschen mit innovativem Design und Geräumigkeit. Das Hotel liegt etwas außerhalb, mit dem Bus ist man jedoch in ca. 30 Minuten im Zentrum. Die herrliche Lage am Park entschädigt für alles. Die Zimmer 111 und 109 sind besonders schön.

Via Salaria 336 • Bus 83, 168 • +39 06/855 25 58 • www.hotelpanamagarden.com • DZ ab 60 €

* Hotel Villa Morgagni

In einer ruhigen Gegend an einer wenig befahrenen Hauptstraße liegt das **Vier-Sterne-Hotel** Villa Morgagni. Die Metro-Station Policlinico ist nur ein paar Gehminuten entfernt, und die kleinen Zimmer sind unheimlich hübsch eingerichtet. Das reichhaltige Frühstück wird auf der Dachterrasse serviert.

Via Giovanni Battista Morgagni 25 • Metro: Policlinico • +39 06/44 20 21 90 • www.villamorgagni.it • DZ ab 96 €

⁎ Il Gong

Die **Pension** befindet sich in einer guten und sicheren Wohngegend in der Nähe der Piazza Bologna. Die modernen, sauberen Zimmer sind in warmen Farben eingerichtet und man schläft ausgesprochen ruhig. Frühstück gibt's in der nahe gelegenen Bar, und Cristina, die Tochter der Besitzerin, ist sehr hilfsbereit!

Via Apuania 8 • Metro: Bologna • +39 06/440 37 82 • www.guesthouseilgong.com • DZ ab 70 €

⁎ Relais 6

In dieser eleganten Villa ist von Massentourismus nichts zu spüren. Das ansprechende **Vier-Sterne-Hotel** liegt in einer schönen Gegend nahe der U-Bahn, mit der das Zentrum bequem binnen kurzer Zeit erreicht ist. Die Zimmer sind sauber und gut eingerichtet und es gibt ein üppiges Frühstück. Freundliches, zuvorkommendes Personal!

Via Tolmino 6 • Metro: Libia • +39 06/85 35 88 88 • www.relais6.com • DZ ab 80 €

⁎ Villa Pirandello

Wundervolles, **idyllisches Hotel** mit gut geschultem Personal unweit des herrlichen Parks der Villa Torlonia. Überdurchschnittlich gutes Frühstück und vernünftiger Preis (WLAN inklusive). Vom Hotel sind es ca. 15 Minuten zur Metro. Empfehlenswert!

Via Antonio Bosio 15b • Metro: Bologna • +39 06/440 38 80 • www.villapirandello.it • DZ ab 75 €

Der Westen

Vatikan, Borgo Pio, Trastevere und Gianicolo – vom kleinsten Staat der Welt zum Himmel hinauf

Wenn der Papst zu Ostern den Segen *Urbi et orbi* ausspricht, versammeln sich Tausende von Gläubigen aus aller Welt auf der imposanten Piazza San Pietro. Der Vatikan, ehemaliger Kirchenstaat und heute kleinster Staat der Welt, wird täglich von unzähligen Touristen besucht. Seine Bürger genießen einige Vorteile: So zahlen sie keine Steuern, und auch das Benzin kostet hier um einiges weniger. Am Eingang steht in papageienbunter Kleidung die Schweizergarde – ganze 110 Eidgenossen arbeiten hier als päpstliches Wachpersonal.

Östlich davon, im idyllischen Viertel Borgo Pio, geht es etwas ruhiger zu. Die hübschen mittelalterlichen Gässchen laden zum Bummeln ein, und ein Spaziergang entlang des geheimen *Passetto* führt vom Castel Sant'Angelo, der Engelsburg, zum beeindruckenden Petersdom, während sich im eleganten Stadtteil Prati mit der Via Cola di Rienzo eine von Roms Top-Shoppingadressen befindet.

Das bodenständige Trastevere (lateinisch: *trans tiberim*, was so viel heißt wie »jenseits des Tiberflusses«) wird auch gern das »wahre Rom« genannt, denn hier herrscht noch eine fast dörfliche Atmosphäre. Im Sommer gibt es nichts Schöneres als durch die engen Gassen zu schlendern und den Kunsthandwerkern über die Schulter zu schauen oder sich durch die rustikalen Restaurants zu probieren. Das Viertel erstreckt sich vom südwestlichen Tiberknie bis zum beeindruckenden Hügel Gianicolo, der auch der achte Hügel Roms genannt wird und eine atemberaubende Aussicht auf die Stadt bietet.

Wer etwas länger in Rom bleibt, sollte unbedingt dem etwas außerhalb gelegenen Park der Villa Pamphili einen Besuch abstatten. Hinter den Aurelianischen Mauern versteckt sich eine herrliche, gigantische Grünanlage.

Pza. d. Prati degli Strozzi
Via C. Racchia
Via T. Gulli
Via G. Bazzoni
V. F. Rosselli
S. Giovanna A. Thouret
Via Amato
Via
Via della Giuliana
Via G. Palumbo
V. Cattolica
V. Prevesa
Via Faà di Bruno
Piazza Giovine Italia
Via A. Baiamonti
Via N. Sauro
Via Premuda
Via Emilio
V. S. De Saint Bon
Via Albertelli
Via Gesmundo
V. Colorni
Yoga in Rome
Via Cunfida
Via Lante
Via Angelico
Via S. Pellico
Via Grazioli
Via P. Borsieri
V. R. Caverni
Via G. Bovio
Via Rodi
Via C. Morin
V. G. Camozzi
Via G. Mompiani
V. Sarpi
Rome Vatican Vacation
S. Giuseppe
Via Buccari
Via Giovanni Bettolo
Via Telesio
I Sargassi
Viale
Il Peperoncino Dispettoso
Via Bernardino
Via Trionfale
V. Bume-liana
Via V. Arminjon
Ti Voglio Bere
Viale delle Milizie
Via C. A. Dalla Chiesa
G. Savonarola
Via G. Bruno
Via T. Campanella
Campanella3
Largo Trionfale
V. A. Paleario
Via Barletta
Via P. Giannone
Via Andrea Doria
Via La Goletta
Via Tolemaide
Via Famagosta
Via Otranto
Compagnia del P
Via Ostia
Via Leone IV
Ottaviano-S. Pietro
Ottorino Stefanini
Via F. Caracciolo
Alexanderplatz
Viale Giulio Cesare
Via Scipioni
Bios
Del Frate
Via Caio Mario
Via R. di Lauria
Oviesse
Via La Goletta
Via Candia
Via Santamaura
Kasanova
Via Vespasiano
Via degli
Via Ottaviano
Ss. Rosario
Via
Via Mocenigo
Via Tunisi
Via Veniero
Infinity Hotel St. Peter
Christi
Via S.
Via Germanico
Via dei Gracchi
Via Silla
Via Catone
Via Cola di Rienzo
Viale Vaticano
Mus. Gregoriano Egizio ed Etrusco
Viale d. Zitella
Mus. Gregoriano Prof.
Pza. del Risorgimento
La Zanzara
V. Varrone
Fonclea
Pinacoteca Vaticana
Musei Vaticani
Viale Centro Don Bosco
Via
V. P. Leto
V. S. Porcari
Borgo Angelico
Pza. A. Capponi
CITTÀ DEL VATICANO
Stradone dei Giardini
Via della Posta
Via d. Pellegrino
Via di Porta Angelica
V. d. Grazie
Via d. Mascherino
Via d. Falco
Officine Creative Roma
Via d. Quadrato
Borgo
Via del Belvedere
Borgo
Via Plauto
V. Orfeo Drellari
Belvedere
Pza. Città Leonina
Vic. d. Farinone
Vic. d. Palline
Vic. d'Orfeo
Vatikanische Gärten
Largo Colonnato
Via d. Corridori
Cappella Sistina
S. Marta
V. Rusticucci
Piazza San Pietro
Pza. Pio XII
Via d. Conciliazione
Piazza d. Governatorato
Basilica Papale di San Pietro
Piazza Protomartiri Romani
V. Pfeiffer
V. Cavalieri d. S. Sepolcro
Largo Alicorni
Piazza d. Stazione
Campo Santo Teutonico
Borgo
Stazione Ferroviaria
Piazza S. Marta
Via Tunica
Ss. Michele e Magno

Der Westen – Karte 1
Biesse
Hotel Farnese
Lepanto
Hotel Gerber
Mondo Arancina
Art Studio Café
Armani Jeans
Centodieci
Excelsior
Esotica
Andreina Barrilà
Franchi
Il Catanese
Mac Pizza
Castel Sant'Angelo
Auditorium Conciliazione
Prati
Piazza d. Cinque Giornate
Ponte G. Matteotti
Ponte Pietro Nenni
Pte. Reg. Margherita
Piazza della Libertà
Piazza Cola di Rienzo
Pza. dei Quiriti
Piazza Cavour
Ponte Cavour
Palazzo di Giustizia
Pza. d. Tribunali
Parco Adriano
Mausoleo di Adriano
Largo Mutilati e Invalidi di Guerra
Piazza Pia
L.go Giov. XXIII
Ponte S. Angelo
Pte. V. Eman. II
Tevere
Via Luigi Settembrini
Lung. Arnaldo da Brescia
Viale Giulio Cesare
Via Lepanto
Via degli Scipioni
Via Pompeo Magno
Via dei Gracchi
Via Cola di Rienzo
Lungotevere Michelangelo
Lungotevere in Augusta
Lungotevere dei Mellini
Via Crescenzio
Via Cassiodoro
Via Virgilio
Via Boezio
Via Plinio
Via Cicerone
Via Ennio
Via G. Belli
Via Gioachino
Via Valadier
Via Visconti
Via Federico Cesi
Via da Palestrina
Via V. Colonna
Via Ulpiano
Via Triboniano
Piazza Adriana
Lung. Castello
Lung. Vaticano
Lung. Tor di Nona
V. Tor di Nona
Via Orsini
Via Farnese
Via Ezio
Via Tacito
Via Orazio
Via Ovidio
Via Alberico II
Via Damiata
V. Duilio
San Gioacchino
V. A. Regolo
Via Paolo Emilio
Kultur
Shopping
Restaurant
Wellness
Ausgehen
Übernachten
N
0
100 m

Kultur
Shopping
Restaurant
Wellness
Ausgehen
Übernachten
N
0
100 m
Foresteria Orsa Maggiore
Casa Internazionale delle Donne
Villa Farnesina
Palazzo Corsini
Orto Botanico
Piazzale Garibaldi
Monte Gianicolo
Villa Lante
Parco Gianicolense
Taverna di Bellezza
Donna Camilla Savelli
Fontana dell'Acqua Paola
Trastevere
Villa Aurelia
Villa Medici
Villa Doria Pamphilj
Largo Tre Giugno 1849
Largo di Pta. S. Pancrazio
Ple. Aurelio
Piazza d. S. Pietro in Montorio
Mausoleo Ossario Gianicolense
Villa Torlonia
Villa Sciarra
La Duchessa a Roma
Trilussa Palac
Piazza R. Pilo
Largo G. Berchet
Pza. F. Cucchi
Via della Lungara
Lungotevere della Farnesina
Vic. di S. Francesco di Sales
S. Francesco di Sales
Vic. d. Penitenza
V. d. Penitenza
Salita d. Buon Pastore
Via dei Riari
V. Corsini
Via di S. Pancrazio
V. di Pta. S. Pancrazio
Via Garibaldi
Via A. Masina
Pass. del Gianicolo
Passeggiata del Gianicolo
Viale delle Mura Aurelie
Via delle Fornaci
V. G. Cadolini
Via G. Bruzzesi
Via del Vascello
F. Daverio
Via Fratelli Bonnet
V. E. Guastalla
V. Livraghi
Via Oreste Regnoli
Via G. Dezza
Via B. Bricci
Viale dei Quattro Venti
Via F. S. Sprovieri
Via G. Rossetti
Via Ugo Bassi
Via Giacinto Carini
Viale delle Mura Gianicolensi
Via P. Roselli
Via U. Seni
Via Giacomo Medici
Viale Trenta Aprile
Via Nicola Fabrizi
Via Calandrelli
Via Dandolo
Via F. Casini
Via Narducci
Viale Adolfo Leducq
Viale Werti
V. Tiburzi
Via Pateras
Via G. Sacchi
V. Tittoni
Via Goffredo
Galletti
V. G. Mameli
Vic. d. Frusta
V. d. Panieri
Via del Mattonato
Vic. d. Leopardo
Via Garibaldi
Viale Aurelio

Piazza Farnese
V. d. Farnesi
Giulia
V. d. Mascherone
V. d. Polverone
V. d. Balestrari
Vic. d. Grotte
V. d. Giubbonari
V. d. Arco del Monte
Capo di Ferro
V. d. Chiavari
V. d. Chiodaroli
V. d. S. Anna
Via Florida
Via Paganica
Pza. del Monte di Pietà
Pal. d. M.te di Pietà
V. d. Specchi
Pza. B. Cairoli
V. d. Falegnami
Via d. Delfini
S. Angelo
Via d. Funari
Tebaldi
V. d. Pettinari
Pza. S. P. alla Regola
Arenula
Via d. Conservatorio
V. d. Zoccolette
Via V. S. Cenci
Bart. de' Vaccinari
V. B. Cenci
V. d. Tempio
Via P. d'Ottavia
Via Catalana
Sinagoga
Teatro di Marcello
Ponte Sisto
Lungotevere d. Vallati
Lungotevere dei Cenci
Ponte Garibaldi
Ospedale Fatebenefratelli
Isola Tiberina
Pte. Fabricio
Lungotevere de Pierleoni
V. d. F. Olitorio
Antico Caffè dell'Isola
Pte. Cestio
Ponte Rotto
Pte. Palatino
Ma Che Siete Venuti A Fà
Ferrara
Freni e Frizioni
N'Artro Giro
BumBum di Mel
Da Augusto
d. Pelliccia
Lung. R. Sanzio
V. d. Renella
V. G. Modena
Pza. G. G. Belli
Lungotevere d. Anguillara
V. d. Olmetto
V. Gensola
Vic. S. Rufina
Malò
Graziella
Pza. S. Maria in Trastevere
Via della Lungaretta
Pza. S. Apollonia
Via Lungarina
Roma Store Profumi
Bar San Calisto
Cooking Class
S. Crisogono
Pza. d. Drago
Via dei Salumi
V. T. Scarpetta
Pza. d. Ponziani
V. S. Cosimato
Via S. Gallicano
V. dei Fienaroli
Pza. Sidney Sonnino
Via dei Genovesi
P. Peretti
Ivo
S. Francesco
V. d. Fratte di Trastevere
La Bio Maison
V. C. Marmaggi
Vic. d. Tabacchi
V. Vascellari
Ripa
Via Luce
Anicia
Jandolo
Lungotevere Ripa
Hotel Trastevere
Via N. Del Grande
Piazza Mastai
S. Cecilia in Trastevere
V. S. Cecilia
V. S. M. in Cappella
Bed & Bike Trastevere
La Fraschetta
Hostaria Luce
Pza. Mercanti
Antica Cappelleria
Ospedale Nuovo Regina Margherita
Big Mama
Via Ripa
V. Madonna d. Orto
Via d. Porto
Lungotevere Aventino
Trastevere
Vic. S. Fr. a. Ripa
Via Tavolacci
Pza. S. Francesco d'Assisi
Via S. Michele
Ripa Grande
Via G. Induno
V. d. Settesoli
Hotel San Francesco
Parco Savello
Tevere
Lungotevere
S. Sabina
Viale
V. Ascianghi
V. di Pta. Portese
Pza. di Pta. Portese
Porto di Ripa
Via d. Mura Portuensi
Ple. Portuense
Ponte Sublicio
S. Alessio
Via di S. Sabina
V. R. da Capua
Piazza Cavalieri di Malta
Via Porta Lavernale
Via S. Domenico
Via S. Alessio
Via M. Carcani
V. Giannitti
V. Serra
Pza. d. Emporio

Kultur

Der Westen Roms wird vom imposanten Petersdom dominiert. Für einen Besuch des Vatikans mit seinen zahllosen Kunstschätzen, die der Kirchenstaat im Lauf der Jahrhunderte auf seinem Gebiet angehäuft hat, sollte man schon einen ganzen Tag einplanen. Ein weiteres Highlight ist das beeindruckende Castel Sant'Angelo, die Engelsburg. Auch Trastevere mit der Kirche Santa Maria ist unbedingt einen Besuch wert. Die alten Gebäude und pittoresken Gassen machen das historische Viertel zum Touristenmagneten und Fotografenparadies. Von dort sind es noch 20 Minuten zu Fuß auf den Hügel Gianicolo, von dem aus man einen traumhaften Blick auf die Stadt hat.

✳ Auditorium Conciliazione

Das Auditorium ist nicht mit dem gleichnamigen Konzertsaal im Norden der Stadt zu verwechseln! Dieser hier liegt direkt an der imposanten, lebhaften Via della Conciliazione, die zum Petersdom führt. Das **Kulturprogramm** in den eleganten Hallen ist vielseitig; es gibt Konzerte, Tanz- und Kinovorstellungen mit nationalen und internationalen Größen.

Via della Conciliazione 4 • Metro: Lepanto • +39 06/68 43 91 • www.auditoriumconciliazione.it

✳ Basilica Papale di San Pietro

Der **Petersdom** mit seiner beeindruckenden Kuppel gilt als die größte Kirche der Welt. Um lästige Wartezeiten zu vermeiden, empfiehlt es sich, früh aufzustehen. Innerhalb der Kirche gibt es weder Audioguides noch Informationstafeln, man sollte sich also vorab informieren.

Don't miss

Die bezaubernde Stimmung, die auf dem Hügel Gianicolo besonders am frühen Abend herrscht: Man hat die Sonne im Rücken und ganz Rom ist in ein goldenes Licht getaucht.

Vom jüdischen Viertel Ghetto nach Trastevere

Ausgangspunkt unserer Tour ist der Largo di Torre Argentina, auch Katzenforum genannt, denn in der umzäunten Ausgrabungsstätte leben zahlreiche Haustiger. Von dort aus führt die Via Paganica zum kunstvollen Schildkrötenbrunnen von Gian Lorenzo Bernini. Im »Pane e Vino« besteht die Möglichkeit, den köstlichen Parmaschinken San Daniele zu probieren, während uns die schmale Via Reginella weiter in die Via del Portico d'Ottavia führt, Hauptgasse des jüdischen Lebens im Viertel Ghetto. Hier sieht man die pittoresken Reste einer Säulenhalle, die Kaiser Augustus einst seiner Schwester Octavia widmete.

In dieser Gegend gibt es noch echte Tante-Emma-Läden und Tavernen mit typischen Spezialitäten wie z. B. den traditionellen *Carciofi alla Giudia*, frittierte Artischocken. Hat der jüdische Bäcker »Forno Boccione« einmal seine beliebten Ricotta-Torten ausverkauft, schließt er einfach seine Pforten, und die winzige Trattoria »Sora Margherita« stellt ihren Gästen zum Mittagessen ganz spartanisch ein paar Tische auf die Straße. Wer es nobler mag, kehrt im stadtbekannten »Giggetto« (www.giggetto.it) ein.

Hinter dem Portikus der Octavia liegt das zweitgrößte Amphitheater Roms, das Teatro di Marcello. An der Synagoge und dem Museo Ebraico, dem jüdischen Museum, vorbei kommen wir über Roms älteste Brücke Ponte Fabricio auf die Tiberinsel (S. 89). Dort liegt die Eisdiele »Antico Caffè dell'Isola« (S. 98) – unbedingt die Sorten Anis und Zimt probieren!

Auf der anderen Seite des Flusses beginnt nun der »echt römische« Stadtteil Trastevere. Hier kann man herrlich durch die kleinen Gassen bummeln oder die wunderschöne Marienkirche Santa Maria in Trastevere (S. 91) besichtigen. Wer danach noch fit genug ist, sollte den Hügel Gianicolo erklimmen und von dort aus den traumhaften Blick über Rom genießen. In dieser Gegend gibt es zahlreiche typische Einkehrmöglichkeiten, die nahezu alle empfehlenswert sind!

Piazza di San Pietro · Metro: Ottaviano · +39 06/988 37 31 · www.vatican.va · April–Sept. tgl. 7–19, Okt.–März Mo–Sa 7–18.30 Uhr · Eintritt zum Dom frei, Kuppel 5–7 €

⁎ Campo Santo Teutonico

Wer keinen ganzen Tag für den Besuch des Vatikans opfern möchte, sollte sich zumindest den Campo Santo Teutonico, den **Friedhof der Deutschen**, anschauen. Er liegt außerhalb der Vatikanstadt auf italienischem Boden, ist jedoch nur über vatikanisches Staatsgebiet zugänglich. Normalerweise muss die Schweizergarde deutschsprachige Besucher an der Pforte durchlassen.

Via della Sagrestia 17 · Metro: Lepanto, Bus 34, 98 · +39 06/69 88 39 23 · www.vatican.va

Don't miss

Die Statue von Anita Garibaldi, die nur ein paar Hundert Meter neben dem berühmten Denkmal ihres Ehemanns Giuseppe, des italienischen Kriegshelden, steht. Sie kämpfte während des Krieges an seiner Seite und zog gleichzeitig drei Kinder groß!

⁎ Casa Internazionale delle Donne

Im internationalen **Frauenzentrum** finden immer wieder interessante Märkte statt, z. B. ein Weihnachtsmarkt. Außerdem werden Veranstaltungen zu verschiedensten (oft Frauen-)Themen organisiert, es gibt Yogakurse, Konzerte, Flamenco. Die Casa beherbergt auch ein Restaurant und eine Zimmervermietung.

Via della Lungara 19 · Bus 116 · +39 06/840 17 20 · www.casainternazionaledelledonne.org

⁎ Castel Sant'Angelo

Kaiser Hadrian (76–138) ließ sich am rechten Tiberufer dieses prachtvolle Grabmal errichten. Später wurde es von verschiedenen Päpsten zur Burg umgebaut. Da Infotafeln hier leider Mangelware sind, besucht man die **Engelsburg** am besten mit einem Audioguide. Von oben bietet sich ein grandioser Ausblick auf den Vatikan und die restliche Stadt.

Lungotevere Castello 50 · Metro: Lepanto, Bus 280 · +39 06/681 91 11 · www.castelsantangelo.com · Di–So 9–20 Uhr · 10,50 €

Cooking Class

Im Herzen von Trastevere findet dieser mehrstündige **Kochkurs** statt. Man geht gemeinsam einkaufen, kocht und isst zusammen und hat dabei eine Menge Spaß. Andrea zeigt seinen Schülern z. B., wie man selber Pasta herstellt. Die Kurse beginnen immer morgens um 10 Uhr.

Via dei Fienaroli 5 · Bus 116 · +39 06/ 347 7133 96 84 · www.cookingclass esinrome.com · 65 €

Fontana dell'Acqua Paola

Der stolze **Brunnen** auf dem Hügel Gianicolo lässt sich durchaus als Gegenstück zum Trevi-Brunnen bezeichnen, nur, dass er weniger stark von Touristen frequentiert wird. 2013 kam er durch den oscargekrönten Film *La Grande Bellezza* von Paolo Sorrentino zu neuer Berühmtheit.

Via Giuseppe Garibaldi–Salita di Sant'Onofrio · Bus 34, 46, 23, 280

Isola Tiberina

So friedlich ruht die **Tiberinsel** in den Armen des *Tevere*, dass man die vielen Besucher gar nicht wahrnimmt. Durch

↑ *Das Innere des Petersdoms strotzt nur so vor bestaunenswerten Details. Bei deren Erkundung vergisst man schon mal die Zeit.*

die kleinen Wasserfälle herrscht hier ein ganz besonderes Flair. Sehenswert ist auch die Basilika San Bartolomeo all'Isola. Man erreicht die Insel über den Ponte Fabricio, die älteste Brücke Roms, die vom jüdischen Viertel nach Trastevere führt.

Ponte Cestio · Bus 23, 280

Musei Vaticani

Nirgends in Rom sind die Warteschlangen so lang wie vor den **Vatikanischen Museen**. Die Sixtinische Kapelle mit Michelangelos *Jüngstem Gericht* und die weltberühmten Gemälde, Skulpturen und Fresken sind das Anstehen zweifellos wert. Man sollte sich aber mindestens einen halben Tag Zeit nehmen. Der letzte Museumseinlass findet um 16 Uhr statt.

Viale Vaticano · Metro: Cipro · +39 06/69 88 33 32 · www.museivaticani.va · Tgl. 9–18 Uhr · 16 €

✳ Orto Botanico

Gartenliebhaber können im **Botanischen Garten** der Universität auf 120 000 Quadratmetern zwischen Palmen-, Bambus- und Wassergewächsen lustwandeln und sich durch unzählige Kräutersorten schnuppern. Es gibt einen Japanischen Garten und seit Kurzem auch tropische Pflanzen zu bestaunen.

Largo Cristina di Svezia 24 · Tram 8 · +39 06/49 91 71 07 · www.ortobotanicoitalia.it · März–Okt. Mo–Sa 9–18.30, Nov.–Feb. Mo–Sa 9–17.30 Uhr · 8 €

✳ Palazzo Corsini

In den zwölf Sälen der **Nationalgalerie** warten Gemälde aus dem 14. bis 18. Jahrhundert auf Besucher. Werke von Rubens, Brueghel, Van Dyck und *San Giovanni Battista* von Caravaggio gehören zu der beeindruckenden Sammlung. Ein Palast bewegter Geschichte!

Geht gar nicht

Der Name der Passeggiata del Gianicolo, übersetzt »Spazierstraße«, täuscht: Hier herrscht reger Autoverkehr!

↑ *Der Lungotevere, der auf die Tiberinsel führt, bietet sich sehr schön für eine Fahrradtour an.*

Via della Lungara 10 · Bus 116 · +39 06/880 23 23 · www.galleriacorsini.beniculturali.it · Di–Sa 9–19, So 9–13 Uhr · 4 €

✳ Piazzale Garibaldi

Der Freiheitskämpfer Giuseppe Garibaldi verteidigte Rom gegen die Franzosen, die die Rückkehr des Papstes unterstützten. Ihm zu Ehren wurde am Piazzale Garibaldi auf dem Gianicolo eine Statue errichtet. Von der Terrasse vor dem **Denkmal** genießt man einen herrlichen Ausblick, und jeden Tag um 12 Uhr wird dort eine Kanone abgefeuert.

Piazzale Garibaldi · Bus 34, 46, 23, 280

✳ Santa Maria in Trastevere

Im malerischen Viertel Trastevere an einem schönen Platz mit Brunnen befindet sich die älteste **Marienkirche** Roms, die anmutige Santa Maria di Trastevere. Der dreischiffige Innenraum ist mit Säulen aus den Caracalla-Thermen ausgestattet, das absolute Highlight sind allerdings die Mosaiken, besonders im Altarraum.

Piazza di Santa Maria in Trastevere • Bus 116 • +39 06/581 48 02 • Tgl. 7.30–20 Uhr

✳ Villa Farnesina

Die Villa Farnesina wurde 1508–1511 von Baldassare Peruzzi erbaut; erster Besitzer des eleganten Gebäudes war der Bankier Agostino Chigi. Der vollständig erhaltene **Palast** mit seinen prunkvoll ausgestatteten Räumen lässt den Reichtum der damaligen Oberschicht erahnen. Zu den herausragenden Kunstwerken gehört u. a. der Freskenzyklus *Amor und Psyche* von Raffael und seinen Schülern.

Via della Lungara 230 • Tram 8 • +39 06/68 02 72 68 • www.villafarnesina.it • Mo–Sa 7–14 Uhr • 6 €

✳ Villa Doria Pamphili

Exquisiter, weitläufiger **Park** mit einem Schloss, mehreren Brunnen, sanften Hügeln, Wasserspielen, Seen und vielen Wegen zum Radfahren oder Joggen. Eines der schönsten Ziele außerhalb des Zentrums und durch mehrere Eingänge zu erreichen.

Via di S. Pancrazio/Ecke Via del Vascello • Metro: Valle Aurelia, Bus 115, 870 • +39 06/6 38 57 44 • www.villapamphili.it • März, Sept. 7–20, April–Aug. 7–21, Okt.–Feb. 7–18 Uhr

Die Villa Farnesina, ein Hort von Luxus und Eleganz in Rom. Auch ihr Garten ist filmreif! →

Shopping

Die Via Cola di Rienzo im eleganten Stadtteil Prati ist eine der bekanntesten und beliebtesten Einkaufsstraßen Roms. Neben Designerboutiquen mit *Alta Moda* findet man hier auch Trendklamotten zu erschwinglichen Preisen. Shoppingtechnisch ist in dieser Ecke so viel geboten, dass man hier locker einen ganzen Tag verbringen könnte. Trotzdem gehört zu einem gelungenen Einkaufsbummel im Westen Roms auch ein Abstecher in das urige Viertel Trastevere mit seinen zahlreichen Handwerksbetrieben, wo neben Kleidung auch Schmuck hergestellt wird.

✳ Abitart

Die Designerin Vanessa Foglia verkauft in ihrer geschmackvollen Boutique **fantasievolle Mode** in unendlich vielen Farben. Seit sie 1990 das Atelier übernahm, hat sie mit ihrem einzigartigen Stil Abitart zum erfolgreichen, gefragten Modelabel gemacht.

Via Cola di Rienzo 188 • Metro: Ottaviano • +39 06/68 80 79 67 • www.abitartworld.com • Tgl. 10.30–20 Uhr

✳ Andreina Barrilã

Andreina Barrilã ist kein Nudelhersteller, sondern ein edel eingerichteter **Schuhladen** in einer Seitenstraße der Via Cola di Rienzo. Im Sommer findet man hier zarte Sandalen und im Winter elegante oder sportliche Stiefel, aber auch klassische Pumps – alles natürlich in bester italienischer Qualität.

Via Tacito 12 • Metro: Ottaviano • +39 06/321 54 04 • www.andreinabarrila.com • Tgl. 10–19.45 Uhr

✳ Antica Cappelleria

Antica Cappelleria bedeutet »antike **Hutmacherei**«. Seit 38 Jahren näht, klebt und hämmert Besitzerin Adolfa in ihrem Atelier modische Kopfbedeckungen. Das Angebot reicht von Strohhüten und Schirmmützen bis hin zu eleganten Fascinators. Es werden auch wertvolle alte Stücke liebevoll restauriert.

Viale di Trastevere 109 • Tram 8, Bus 121, 780 • +39 06/58 33 32 06 • Mo–Sa 15–19 Uhr

! Schuhe, Schuhe und nochmals Schuhe

Bei ihrer Fußbekleidung setzen die Römer eher auf edle Klassik als auf modischen Schnickschnack, weshalb man im Zentrum der Stadt vor allem hochwertige, klassische Schuhe findet. Angesagte Adressen mit hervorragender Qualität sind neben »Borini Details« (S. 24) im jüdischen Viertel auch »Santo« (www.santo calzatureroma.eu) unweit des Campo de' Fiori und »Fausto Santini« (www.faustosantini.it) an der Spanischen Treppe. »Made in Italy« macht seinem Namen hier alle Ehre, denn zum Einsatz kommt nur das feinste Leder. Trendig-avantgardistisch wird es dann im kleinen »LOCO« in der Via dei Baullari.

Die meisten Schuhgeschäfte liegen jedoch in und nahe der langen, exklusiven Via Cola di Rienzo, die gleich an der Brücke Ponte Margherita beginnt. Hier präsentieren sich Läden für jeden Geschmack und Geldbeutel. Man findet alles von schicken Ledersandalen und klassischen Pumps bis hin zu hippen Eco-Boots. Auch unweit der Piazza di Risorgimento in der Via Ottaviano und der Via Candia werden Schuhfans fündig, und es lohnt sich immer, einen Blick auf die Verkaufsstände am Straßenrand zu werfen. Mit ein wenig Geduld kann frau dort echte Schätze entdecken.

Etwas völlig Ausgeflipptes gefällig? Dann ab ins lässige Szeneviertel Monti mit seinen cool eingerichteten Läden und Ateliers. Wer jetzt seinen Traumschuh noch immer nicht gefunden hat, sollte einen Abstecher ins beliebte Einkaufszentrum »Porta di Roma« (S. 60) machen. Immer mehr Wochenendtouristinnen fahren zum Shoppen direkt dorthin, weil dort auf kleinstem Raum alles zu finden ist, was das Herz begehrt – natürlich auch attraktive Schuhgeschäfte. Danach bleibt immer noch genug Zeit für einen Stadtbummel.

* Armani Jeans

Prati ist *die* Adresse für Edelshopping und große Namen. Da darf ein Label wie Armani natürlich nicht fehlen. Der bekannte italienische Designer führt in dieser Boutique eher **sportliche Outfits** wie Jeans, coole T-Shirts und Jacken. Dazu gibt's die passenden Accessoires.

Via Cola di Rienzo 137 · Metro: Ottaviano · +39 06/323 55 20 · Tgl. 10–20 Uhr

* Biesse

Wer etwas sucht, mit dem nicht jede Zweite herumläuft, sollte sich in Richtung Piazza Mazzini aufmachen, wo nun schon seit 20 Jahren die **avantgardistische Boutique** Biesse sowohl das junge Rom als auch die hippen Angestellten des nahe gelegenen Fernsehsenders RAI mit Trendteilen ausstattet. In dem coolen Laden gibt es stylish-elegante Mode, Taschen und schicke Schuhe.

Via Luigi Settembrini 52 · Metro: Lepanto · +39 06/321 79 30 · www.biesseroma.it · Mo 15.30–19.30, Di–Fr 9–19.30, Sa 9.30–14, 15.30–19.30 Uhr

* Centodieci

Der Name des bekannten **Schuhgeschäfts** sagt alles: *Centodieci*, also 110 verschiedene Modelle, warten hier auf ihre Käufer. Die Auswahl in dem winzigen Laden reicht von modern bis klassisch – das Preisniveau ist zwar etwas höher, aber die Investition lohnt sich!

Via Cola di Rienzo 135 · Metro: Ottaviano · +39 06/645 02 42 · Mo–Sa 10–20 Uhr

* Christi

Italiener lieben Silber in ihren Wohnungen, ob als Kerzenhalter oder Bilderrahmen. Bei Christi findet man eine große Auswahl von **Silberobjekten**, z. B. *Bonboniere*, kleine Geschenke, die bei einer Taufe oder Hochzeit den Gästen überreicht werden. Fehlt noch ein Mitbringsel für die Verwandtschaft?

Via Candia 131 · Metro: Cipro · +39 06/39 74 03 89 · www.christi.it · Mo 15–19.30, Di–Sa 9.30–19.30 Uhr

Don't miss

Einen Blick auf die Verkaufsstände in der Via Cola di Rienzo und der Via Giulio Cesare, denn hier werden oft Lederschuhe aus vergangenen Kollektionen zu Spottpreisen angeboten.

Coin Excelsior

Ein Besuch in dem vor Kurzem renovierten **Edelkaufhaus** lohnt allein schon wegen der eleganten Einrichtung. Auf vier Etagen laden alle namhaften Modelabels zum Shoppen ein. Sehr geschmackvolle Ausstattung, u. a. mit herrlichen Marmorböden. Nicht zu vergessen ist die feine Lebensmittelabteilung!

Via Cola di Rienzo 173 • Metro: Ottaviano • +39 06/36 00 42 98 • www.coinexcelsior.com • Mo–Sa 10–20, So 10.30–20 Uhr

Esotica

Auf den ersten Blick wirkt der Laden eher unscheinbar. Das kleine **Geschenkartikelgeschäft** bietet aber einige originelle und ausgefallene Sachen an, und das nicht nur für die Kleinen. Schöne Ringständer, witzige Plastikuhren, kleine Lampen oder Untersetzer, Schnickschnack der besonderen Art! Es gibt noch eine weitere Filiale im Zentrum.

Via Cola di Rienzo 178 • Metro: Ottaviano • +39 06/87 46 60 • www.esotica.it • Tgl. 10–20 Uhr

Halfon

In der **kleinen Boutique** gibt es modische Klamotten mit einem super Preis-Leistungs-Verhältnis. Nicht für ganz junge Mädchen geeignet, auf den Kleiderbügeln hängen eher elegante Basics. Ob Kleider, Hosen, Oberteile für den Alltag oder zum Ausgehen, jedes Teil ist immer in mehreren Farben erhältlich.

Via Cola di Rienzo 242 • Metro: Ottaviano • +39 06/72 49 21 • Mo–Fr 9.30–19.30, Sa 10–20.30 Uhr

Kasanova

Italienisches Design war auch in der Küche schon immer angesagt. In dem kleinen, engen **Haushaltswarenladen** findet man eine große Auswahl zu günstigen Preisen. Zudem gibt es hier die berühmten *Cafetiere*, die Espressokannen für den Herd, frech designte Käsereiben und schöne Raumdüfte.

Via Candia 35 • Metro: Cipro • +39 06/39 73 35 02 • www.kasanova.it • Tgl. 10–20 Uhr

Officine Creative Roma

Beim Bummeln durch die Via Cola di Rienzo lohnt sich ein kleiner Umweg in das benachbarte Viertel Borgo Pio. Dort verkauft dieser farbenfrohe Laden **Handgefertigtes** wie z. B. Taschen oder Schmuck aus recycelten Materialien und Ketten aus Kaffeekapseln in tollem Design!

Der angesagte römische Künstler Ottorino Stefani schafft moderne Gemälde, etwa von Goethe (unten).

Via del Falco 12 • Metro: Ottaviano • +39/32 81 44 91 12 • Mo–Sa 10.30–19.30 Uhr

✳ Ottorino Stefanini

Ottorino Stefanini hat schon im Chiostro del Bramante und im MACRO ausgestellt; bekannt sind z. B. seine Hutbilder, *Cappelli*. Ab ca. 200 € gibt es schon kleinere **Gemälde**, die noch in den Koffer passen, oder man bestellt einfach online. Wie bei echten Künstlern so üblich, hat das Atelier nicht immer geöffnet.

Via Cornelia 10 • +39 06/83 70 80 58 • www.ottorinostefanini.com • nur auf Anmeldung (auch in englischer oder deutscher Sprache)

✳ Oviesse

Bei Oviesse findet man immer etwas! Das freundlich eingerichtete, moderne **Bekleidungskaufhaus** lädt ein zum Stöbern und ausgiebigen Anprobieren von modisch-sportlichen Basics, Unter- und Nachtwäsche, Schals, Schuhen, Schmuck und Parfum, und das zu einem guten Preis-Leistungs-Verhältnis. Hier gibt es auch Mode in Übergrößen.

Via Candia 74 • Metro: Cipro • +39 06/39 74 35 18 • www.oviesse.com • Mo–Sa 9–20, So 10–13.30, 16–20 Uhr

✳ Roma Store Profumi

Ein Duftparadies in Trastevere! In dem kleinen, künstlerisch angehauchten **Parfumladen** stehen Hunderte von hochwertigen, einzigartigen Nischendüften in den Regalen. Wer den passenden gefunden hat, kann sich in einzelnen Fällen auch noch das passende Deo oder die Creme dazukaufen.

Via della Lungeretta 63 • Bus 116, 280 • +39 06/581 87 89 • www.romastoreprofumi.com • Tgl. 10–20 Uhr

Restaurants & Cafés

In Trastevere herrscht allgemein eine hohe Gastronomiedichte, und im Sommer sind die bei Einheimischen wie Touristen beliebten Pizzerien und Restaurants in den niedlichen Gassen des Viertels bis nach Mitternacht stets gut gefüllt. Im eleganten Stadtteil Prati fallen die Menüs etwas exklusiver aus, allerdings findet man auch hier ein paar schöne, traditionelle Lokale. Besonders tagsüber ist es oft ratsam, sich mit einem Stück Pizza zum Mitnehmen zu begnügen, denn die Tische in den Bars sind rar gesät. Die allgemeine Regel lautet: Dort, wo es lecker nach Pizza duftet, schmeckt sie auch! Und das einzigartige italienische Eis ersetzt schon mal ein kleines Mittagessen.

Antico Caffè dell'Isola

Auf der friedlichen Tiberinsel befinden sich eine Bar und eine kleine **Eisdiele** mit einer großen Auswahl an köstlichen Geschmackssorten – man erkennt sie im Sommer schon von Weitem an der langen Warteschlange. Nicht nur das Eis, auch die Sorbets sind göttlich!

Via Ponte Quattro Capi 17 • Bus 280 • +39 06/687 76 62 • Mo–Sa 7–20 Uhr • ab 2 €

Art Studio Café

Die etwas andere Bar! Während in den frühen Morgenstunden mit ofenfrischen Croissants gefrühstückt wird, beginnt die Vorbereitung der Mosaikkurse, die regelmäßig in der **Café-Werkstatt** stattfinden. Ein Ort des Genießens, des Austausches und der Kunst! Abends finden oft Lesungen oder Konzerte statt.

Via dei Gracchi 187a • Metro: Lepanto • +39 06/632 60 91 04 • www.artstudiocafe.it • Tgl. ab 7.30 Uhr

Compagnia del Pane

Wer im Stadtteil Prati müde vom Bummeln ist, sollte unbedingt noch ein paar Meter aushalten und im Compagnia del Pane Rast machen, das **Cafeteria, Bäckerei und Weinladen** zugleich beherbergt. Zu einem Getränk werden ab 17 Uhr ein paar köstliche hausgemachte Snacks gereicht.

Wie ein Mosaik entsteht, kann man im »Art Studio Café« bei einem leckeren Cappuccino erlernen.

Via Fabio Massimo 89 · Metro: Ottaviano · +39 06/324 16 05 · www.compagniadelpane.net · Mo–Sa 7–20 Uhr

✳ Da Augusto

Das Essen in dem **urigen Restaurant** in Trastevere ist ein echtes Erlebnis. An Winterabenden ist das Lokal oft voll besetzt, und im Sommer ziehen die schon etwas wackligen Holztische auf die hübsche Piazza um. Besondere Spezialitäten: *Pollo arrosto con patate* (Hähnchen mit Kartoffeln) und *Abbacchio al forno* (Lamm). Beide kommen knusprig direkt aus dem Ofen!

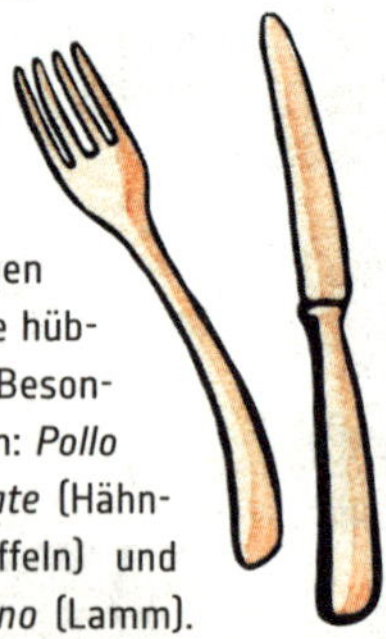

Piazza dē Renzi 15 · Bus 280 · +39 06/580 37 98 · www.trattoria-romana.it · Tgl. 12.30–15, 20–23 Uhr

✳ Del Frate

Die Speisekarte ist nicht gerade umfangreich, doch Qualität und Preise in der **schicken Weinbar** in Prati stimmen. Es gibt eine breite Auswahl an Weinen, auch die Früchtelasagne ist großartig! Wenn man gegen 19 Uhr kommt und ein Glas Wein bestellt, gibt es ein kleines Büfett mit Snacks dazu.

Via degli Scipioni 118 · Metro: Ottaviano · +39 06/32 21 16 12 · www.enotecadelfrate.it · Mo–Sa Aperitivo 18.30–21, Abendessen 19.30–0 Uhr

✳ Fatamorgana

Eisdielen kann es gar nicht genug geben, besonders im Sommer! Fata Morgana betreibt im Westen Roms gleich zwei Filialen. Alles Natur – es werden keinerlei künstlichen Zusatzstoffe und nur frische Zutaten verwendet, und das schmeckt man. Es gibt auch leckere Sorbets oder Shakes, z. B. mit Kaffeegeschmack.

Trastevere: Via Roma Libera 11 · Bus 280 · +39 06/580 36 15 · 12–2 (Sommer), 12–0 Uhr (Winter) · Prati: Via G. Bettolo 7 · Metro: Ottaviano · +39 06/37 51 90 93 · 12–24 (Sommer), 12–22 Uhr (Winter) · www.gelateriafatamorgana.com

✳ Franchi

Was Feines? Franchi macht's möglich. Seit vielen Jahren ist der **Delikatessenladen** eine Feinschmecker-Institution, die mit klassischen italienischen Spezialitäten aufwartet: Parmaschinken, Salami, Büffelmozzarella, Parmesan, Olivenöl. Es kann auch direkt vor Ort geschlemmt werden.

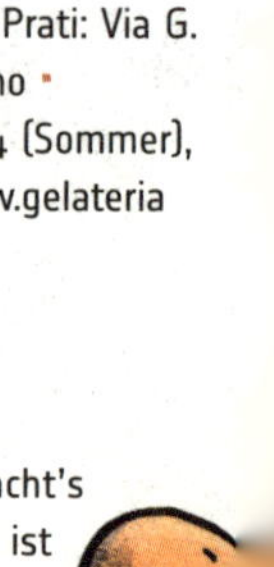

Via Cola di Rienzo 200 · Metro: Ottaviano · +39 06/687 46 51 · www.franchi.it · Mo–Fr 9.30–19.30, Sa 10–19.30 Uhr

Grazia & Graziella

Ein bei Touristen beliebtes Restaurant mit sehr ansprechendem, **typisch italienischem Ambiente**. Die Preise sind okay, nur die Desserts öfter mal zu teuer. Das freundliche, witzige Personal und die Straßenmusiker sorgen für lockere Stimmung, auch Sonderwünsche werden gern erfüllt.

L.go M.D. Fumasoni Biondi 5 · Bus 280, Tram 8 · +39 06/588 03 98 · www.graziaegraziella.it · Nudelgerichte ab 9 €

Il Catanese

Große Bar, die ihre exquisiten **sizilianischen Spezialitäten** wie z. B. Kekse oder Marmelade aus Pistazien nicht nur direkt an der Theke verkauft, sondern in den hinteren Räumen auch ausreichend Platz bietet, um gemütlich zu frühstücken oder nachmittags bei einem Tee zu plaudern. Um 18.30 Uhr wird zum *Aperitivo* ein reichhaltiges Büffet aufgebaut.

Via Lucrezia Caro 14/22 · Metro Lepanto · +39 06/320 85 55 · www.ilcatanese.com · Tgl. 6.30–23.30 Uhr · Happy-Hour-Büfett mit einem Getränk 10 €

Il Conte di Montecristo

Das Restaurant ist bei den Römern ausgesprochen beliebt. Geschmackvolle Einrichtung mit behaglichen Ecken. Zu **klassischen italienischen Fleischgerichten** wie *Ossobuco* und hausgemachter Pasta wird eine große Auswahl an regionalen Weinen serviert.

Vicolo del Bologna 87 · Bus 280, Tram 8 · +39 06/581 31 89 · www.ilcontedimontecristo.com · Tgl. 11–0.30 Uhr · Gerichte ab 10 €

Il Peperoncino Dispettoso

Die »respektlose Pfefferschote« macht ihrem Namen alle Ehre, denn selbst Liebhabern der pikanten Küche bleibt hier beim Biss in die gleichnamige Pizza die Luft weg. Die große, aber gemütliche **Pizzeria** überzeugt zudem mit günstigen Preisen bei konstant guter Qualität. Pasta und Fleisch gibt's auch!

Viale delle Medaglie d'Oro 158 · Metro: Cipro · +39 06/35 49 84 51 · www.ilpeperoncinodispettoso.it · Tgl. 12.30–14.30, 19.30–23.30 Uhr · Menü wochentags ab 15 €

✳ Ivo

Typisch römische **Pizzeria** in Trastevere, die aber auch Nudelgerichte anbietet. Empfehlenswert sind die Vorspeisen, vor allem die frittierten Reisbällchen *(Supplì)* und das frittierte Gemüse. Es kann sehr voll werden, doch der Service bleibt stets geduldig und freundlich.

Via di San Francesco a Ripa 158 · Bus 116, 280, Tram 8 · +39 06/581 70 82 · Tgl. 18–0.30 Uhr · Gerichte ab 9 €

✳ La Fraschetta

In dem schönen, **rustikalen Restaurant** in Trastevere ist es immer voll, laut und eng – einfach italienisch! Vor allem bei den Einheimischen kommen das urige Ambiente und der nette Service gut an. Die Preise stimmen, 7 € für die Flasche Hauswein, Bruschetta

für 3,50 €, Pizza (nur abends) ca. 9 €. Die Vorspeisen sind der Knaller! Reservierung erwünscht.

Via di San Francesco Ripa 134 · Bus 116, 280, Tram 8 · +39 06/581 60 12 · www.lafraschetta.com · Tgl. 12–15, 19–23.30 Uhr

✳ La Zanzara

Das attraktive **Bistro im »Industrial Style«**, der ein wenig an das New York der 1950er-Jahre erinnert, hat vor Kurzem in einer der Seitenstraßen der Via Cola di Rienzo eröffnet und bietet kleine und große Köstlichkeiten der mittleren Preisklasse an, z. B. Salate ab 9 €. Es gibt auch ein paar Tische an der Straße. Ein schicker Ort zum Relaxen!

Via Crescenzio 84 · Metro: Lepanto · +39 06/68 39 22 27 · www.lazanzararoma.com · Tgl. 7–2 Uhr · Nudelgerichte ab 12 €

✳ Hostaria Luce

Auch in Italien schießen immer mehr **Bio-Restaurants** aus dem Boden. Im Luce 44 stammen alle Zutaten aus zertifiziertem biologischem Anbau. Man sitzt gemütlich in den hellen Räumen oder im Sommer im schönen Garten und kann zwischen

Fleisch- und vegetarischen Gerichten wählen. Ab und zu finden hier auch Musik-, Kunst- oder Infoveranstaltungen zu Umweltthemen statt.

Via della Luce 44 · Tram 8 · +39 06/ 58 14 83 9 · www.hostarialuce.it · Mo–Fr 12.30–15.30, 19.30–23, Sa, So 19.30–23 Uhr

✳ Mac Pizza

Ein kleiner, leicht zu übersehender **Stehimbiss** an der Piazza Cavour nah der Engelsburg, beliebt nicht nur bei Touristen, sondern auch bei den Römern zur Mittagspause. Leckere *Pizza Calzone* zum Mitnehmen für ein paar Euro und die Flasche Mineralwasser für 80 Cent, das gibt es selten in Rom!

Piazza Cavour · Metro: Lepanto · +39/33 86 66 39 · Mo–Fr 8–20.30, Sa 15–20.30 Uhr

✳ Mondo Arancina

Für Liebhaber der **sizilianischen Küche** ist diese Snackbar ein absolutes Muss! *Arancini* sind panierte, frittierte Reisbällchen mit verschiedenen Füllungen. Falls man keinen Stuhl an der Theke ergattert, isst man hier einfach im Stehen. Tipp: die *Dolci* mit Pistazien!

Via Marcantonio Colonna 38 · Metro: Lepanto · +39 06/97 61 92 13 · www.mondoarancina.it · Tgl. 9–0 Uhr · ab 3 €

✳ Otello

Im Herzen von Trastevere serviert das urige Restaurant an kleinen Tischen traditionelle **römische Küche**, z. B. *Bruschetta*, geröstete Brotscheiben, *Rigatoni con la pajata d'agnello*, Nudeln mit Lamminnereien und *Saltimbocca*, ein typisches Fleischgericht. Faire Preise und sehr nettes Personal.

Via della Pelliccia 47 · Bus 280, Tram 8 · +39 06/589 68 48 · www.trastevere-trattoria-otello.it · Mo, Di, Do 18.30–23.45, Fr–So 12–15, 18.30–23.45 Uhr · ab 10 €

Wellness

Zu Fuß lässt sich Rom am besten erkunden, vor allem, wenn man neben den namhaften Sehenswürdigkeiten auch weniger bekannte Ecken der Stadt entdecken will. Zum Glück spielt das Wetter meistens mit und es scheint den ganzen Tag die Sonne. Doch wenn nach einem anstrengenden Sightseeingtag die Sohlen qualmen, ist es Zeit für ein Päuschen. Wem ein Zwischenstopp im Café nicht ausreicht, der kann z. B. auf den Bänken gleich neben der Engelsburg auch mal länger die Füße hochlegen. Auch im Westen der Stadt ist in Sachen Wellness genug geboten, um Kraft für den nächsten aufregenden Tag in der Ewigen Stadt zu tanken.

* Biosfera

Kosmetikkaufhaus in einer Seitenstraße im Stadtteil Prati. Hier findet man alles, was schön macht und fit hält – Schlankheitsmittel, Vitamine und Cremes, aber auch Kräuter und Bioprodukte. Sollte der Koffer schon zu voll sein, kann man auch online bestellen!

Via degli Scipioni 136/140 • Metro: Ottaviano • +39 06/324 26 18 • www.biosferaweb.com • Mo–Fr 9.30–19.30, Sa 10–19.30 Uhr

Don't miss

Die Züge vom Bahnhof Stazione S. Pietro nahe dem Petersdom, die regelmäßig in Richtung Meer fahren, z. B. nach Maccarese. Im Örtchen Ladispoli etwa kann man auch nett bummeln gehen.

* I Sargassi

Was Haarschnitte betrifft, sind die Italiener Weltklasse! Die internationale Friseurschule ist mit Abstand die beste in Rom, und der angeschlossene, stets gut besuchte **Friseursalon** in Prati bietet günstige Preise. Wenn man Modell sitzt, kosten Strähnchen nur um die 30 €, Haarschnitt inbegriffen.

Via Giovanni Bettolo 1 • Metro: Ottaviano • +39 06/397 30 88 • www.isargassi.com • Mo–Fr 9.30–18 Uhr • Haarschnitt ab 19 €

La Bio Maison

Schönheit kommt auch von innen! Dieser kleine, hübsch eingerichtete **Kosmetik- und Haarsalon** liegt in einer kleinen Seitenstraße des Viale Trastevere und verteilt sich auf zwei miteinander verbundene Geschäfte. Im einen werden Bio-Food und Naturkosmetik verkauft, im anderen finden Wellness-Anwendungen, darunter auch Ayurveda-Treatments, statt, eine gute Idee!

Via di S. Crisogono 39a • Bus 116, 280 • +39 06/581 86 91 • www.labiomaison.com • Mo–Sa 8–19 Uhr • Massage ab 45 €

Malō

Das **Wellness-Studio** mitten in Trastevere ist technisch auf dem neusten Stand, z. B. kommen Ultraschall und Elektrostimulation zum Einsatz. Es werden aber auch traditionelle Anwendungen wie Maniküre oder Gesichtsreinigung angeboten. Immer tolle Specials!

Piazza Giuditta Tavani Arquati 120 • Bus 116, 280 • +39 06/589 89 50 • www.centroesteticomalo.com • Mo–Sa 10–20 Uhr • Körperpeeling und Massage 50 €

Taverna di Bellezza

Der elegant eingerichtete Haar- und **Schönheitssalon** eignet sich perfekt für einen Zwischenstopp, um Energie für den restlichen Tag zu tanken. Eine entspannende Gesichtsbehandlung und anschließend die Haare waschen und legen lassen – schon fühlt man sich wie eine echte Italienerin, die nie auf die Idee käme, ihre Frisur zu vernachlässigen!

Via della Scala 49 • Bus 116, 280 • +39 06/589 89 85 • Tgl. 9–20 Uhr • Körperpeeling und Massage 50 €

Yoga in Rome

Auf dem Monte Mario gleich vor dem luxuriösen Waldorf-Astoria-Hotel und unweit eines der schönsten Aussichtspunkte Roms steht Entspannung pur auf dem Programm. Die deutsche Heike Hoerdermann bietet Kurse in Sivananda-**Yoga** und Hormonyoga an, es können sowohl Einzel- als auch Gruppenstunden gebucht werden.

Via Alberto Cadlolo 116 • +39/33 51 80 26 79 • www.yogainrome.com • ab 20 €

Ausgehen

Das Nachtleben im Westen Roms spielt sich hauptsächlich in Trastevere ab. Wo man früher an lauen Abenden auf Holzstühlen in den idyllischen Gässchen herumsaß, ist in den letzten Jahren ein angesagtes Ausgehviertel mit Bars und Restaurants entstanden. Jedes Jahr im Juli findet hier die Festa de Noantri statt, dann wird auf den belebten Plätzen bis in die Nacht hinein so richtig italienisch gefeiert. Moderner geht es am Ufer des Tibers zu, wo sich im Sommer unzählige Lokale und Verkaufsstände aneinanderreihen, und auch im eleganten Prati trifft man auf ein paar nette Bars.

Alexanderplatz

Ein Muss für Jazzfans! Das **Jazzlokal** im Stadtteil Prati gehört zu den ältesten in der Ewigen Stadt. Hier gab sich schon alles, was im Jazz Rang und Namen hat, die Ehre. Man kann vor den Konzerten auch eine Kleinigkeit essen, dann hat man gleich einen guten Sitzplatz. Im Sommer zieht das Lokal in den bezaubernden Park der Villa Celimontana um.

Via Ostia 9 · Metro: Cipro · +39 06/39 74 21 71 · www.alexanderplatzjazzclub.com · Tgl. 20.30–1 Uhr · Eintritt 15 €

Almalu

Wer in einem der urigen Restaurants von Trastevere diniert hat, sollte danach unbedingt in der **angesagten Cocktailbar** auf einen Drink vorbeischauen. Nettes Publikum, freundliche Barkeeper und Superstimmung. Die ausgesprochen fairen Preise sind mit denen im Zentrum – zum Glück – nicht vergleichbar.

Via della Scala 77 · Bus 280, 116 · +39 06/39 74 21 71 · Di–So 18–2 Uhr · Bier 3 €

Bar San Calisto

Auf der Piazza San Calisto trifft man fast nur Einheimische. Abends kann es in dieser **schönen Bar** sehr voll und laut werden, was nicht zuletzt an den moderaten Getränkepreisen liegt. Kleinere Gerichte sind ebenfalls im Angebot. Bei dem Andrang sind Sitzplätze meist Mangelware, also steht man einfach vor dem Lokal auf dem Platz herum.

Piazza di San Calisto 4 · Tram 8 · +39 06/589 56 78 · 21–2 Uhr

Die Festa de Noantri wird in Trastevere im Juli jedes Jahres mit einer Prozession gefeiert.

✳ Big Mama

Eine der bekanntesten **Blues-Bars** Europas. Seit 1984 finden hier fast täglich Jazz-, Blues-, Rock- oder Ethno-Konzerte statt, bei denen neben italienischen Musikgrößen auch international renommierte Künstler auftreten. Im Sommer bis Ende September geschlossen.

Vicolo di San Francesco a Ripa 18 • Bus 116, Tram 8 • +39 06/581 25 51 • www.bigmama.it • Tgl. 21–1.30 Uhr • 10 € für die Jahresmitgliedschaft

✳ Bir & Fud

Das rustikale und zugleich elegante **Bar-Restaurant** bietet nicht nur eine hervorragende Küche. Man kann auch bis in die Nacht hinein gemütlich an dem langen Thekenschlauch mit seinen unzähligen Bier-Zapfhähnen sitzen. Unbedingt zu empfehlen ist das *Tris di Suppli*, dreierlei köstlich frittierte Reisbällchen.

Via Benedetta 23 • Bus 280 • +39 06/ 589 40 16 • birandfud.it • Tgl. 12–2 Uhr

↓ Jazz vom Feinsten! Das »Alexanderplatz« ist eine römische Institution und bietet stets auch musikalische Erlebnisse.

✳ BumBum di Mel

Diese klitzekleine Bar in Trastevere wird von Brasilianern geführt, und hier gibt es die besten **Cocktails** der Stadt! Wer Glück hat, findet einen Sitzplatz, ansonsten steht man einfach vor dem Lokal auf der Straße. Das Preis-Leistungs-Verhältnis stimmt, für 9 € gibt es z. B. einen Riesen-Mojito oder -Caipirinha.

Via del Moro 17 • Tram 8, Bus 116 • +39 06/89 52 00 55 • Di–So 18–3 Uhr

✳ Ferrara

Elegante Weinbar mitten im romantischen Trastevere. Das Lokal hat zwei Gasträume, einer edel und einer eher rustikal eingerichtet. Gutes Essen und insgesamt nicht ganz billig, aber man kann hier auch einfach bei einem Glas Wein und ein paar Snacks einen schönen Abend verbringen.

Piazza Trilussa 41 • Bus 280 • +39 06/ 58 33 39 20 • www.enotecaferrara.it • Tgl. 18–2 Uhr

✳ Fonclea

Der beliebte **Musik-Pub** in Prati liegt unweit der Via Cola di Rienzo. Hier wird flotte Musik aus den 1950er-Jahren gespielt, und es gibt Jazz- und Kabarettveranstaltungen. Beim Essen stimmt das Preis-Leistungs-Verhältnis nicht immer, also lieber nur etwas trinken. Im Sommer zieht das Lokal ans Tiberufer.

Via Crescenzio 82 • Metro: Ottaviano • +39 06/68 74 99 • www.fonclea.it • Tgl. 19–2 Uhr

✳ Freni e Frizioni

Die **hippe Bar** in Trastevere sollte man sich auf keinen Fall entgehen lassen! Das lässige Ambiente in einer ehemaligen Garage erinnert an Berlin oder New York, und zu den Cocktails und *Aperitivi* gibt es ab 19 Uhr ein tolles vegetarisches Büfett gratis dazu.

Via del Politeama 4 • Bus 280 • +39 06/45 49 74 99 • www.freniefrizioni.com • Tgl. 19–2 Uhr • Bier ab 6 €

✳ Ma Che Siete Venuti A Fà

Viele nationale und internationale Biere zum Einheitspreis von 6 € pro Pint und 4 € pro halbem Pint, hauptsächlich vom Fass. Der **Pub** ist immer voll mit jungen Leuten und die Stimmung entsprechend ausgelassen. Das Personal kennt sich bei den diversen Biersorten bestens aus!

Via Benedetta 25 • Bus 280 • +39 06/64 56 20 46 • www.football-pub.com • Tgl. 11–2 Uhr

✳ N'Artro Giro

Nette **alternative Bar** mit jungem Publikum, hier ist immer was los! Es gibt einen Kicker und die Getränkepreise sind ausgesprochen fair. Am Samstagabend legt ein DJ auf.

Via del Cipresso 14 • Bus 116, 280 • +39/39 26 68 93 56 • Di–So 21–2 Uhr • Bier ab 5 €

✳ Ti Voglio Bere

Die **idyllische Weinstube** mit ihren kleinen Holztischen eignet sich perfekt zum Entspannen nach einem anstrengenden Sightseeingtag. Die gemütliche eingerichtete Bar serviert von ca. 18.30 bis 21 Uhr zum *Aperitivo* ein Büfett. Wer später kommt, kann hier auch zu Abend essen oder bei einem Glas Wein gemütlich bis tief in die Nacht verharren.

Via Simone de Saint Bon 27 • Metro: Ottaviano • +39 06/68 74 99 • www.tivogliobere.it • Tgl. 10–13, 18.30–2 Uhr

Übernachten

Im eleganten Stadtteil Prati hat man nachts seine Ruhe, trotzdem liegt der Petersdom nur wenige Gehminuten entfernt, und jenseits des Tiber beginnt gleich die Altstadt. Trastevere hingegen eignet sich eher für Nachtschwärmer, die abends gern ausgehen und lange Nachhausewege vermeiden möchten. In direkter Nachbarschaft befinden sich diverse Restaurants und Pubs und ins Zentrum sind es zu Fuß nur 15 bis 20 Minuten. Hier sollte man allerdings nach Möglichkeit Fenster zum Innenhof buchen. Wer einmal in einem Kloster schlafen möchte, kann sich vom Pilgerzentrum eine Liste mit Übernachtungsmöglichkeiten schicken lassen – man muss aber spätestens um 23 Uhr wieder in seinem »Hotel« sein.

* Bed & Bike Trastevere

Rom mit dem Fahrrad! In diesem **B&B** in Trastevere kann man für 8 € pro Tag ein Rad dazumieten. Es gibt zwei Doppelzimmer mit Gemeinschaftsbad, einem Wohnzimmer und einer Küche sowie eine Wohnung mit zwei Doppelzimmern, Bad, Wohnzimmer und Küche für bis zu sechs Personen. Auf Wunsch bieten die Gastgeber auch Kochkurse (italienisch, vegetarisch, Fisch) an.

Via Natale del Grande 8 • Tram 8, Bus 780 • +39/34 56 15 37 52 • +39/33 88 49 28 05 • DZ ab 51 €

* Campanella 3

Das **B&B** im Stadtviertel Prati bietet zwei gemütlich eingerichtete Zimmer mit vollständig ausgestatteter Küchenzeile. Es gibt einen kleinen Fernseher und sogar einen Laptop mit Internetzugang. Die Lage ist super – gleich beim Vatikan! Ivan und Antonella sind sehr freundliche, hilfsbereite Vermieter.

Via Tommaso Campanella 3 • Metro: Ottaviano • +39/33 58 42 08 24 • www.campanella3.com • DZ ab 79 €

* Donna Camilla Savelli

Vier-Sterne-Hotel in einem ehemaligen Kloster mit zauberhaftem begrün-

Den Vatikan direkt vor der Haustür hat, wer sich im »Campanella 3« einquartiert.

tem Innenhof und einer eigenen Kapelle. Ideal zum Ausspannen nach dem Sightseeing. Das Personal ist sehr freundlich, und es gibt ein reichhaltiges Frühstücksbüffet. Im obersten Stockwerk hat man einen atemberaubenden Blick über die Dächer von Rom.

Via Garibaldi 27 • Bus 115 • +39 06/58 88 61 • www.hoteldonnacamillasavelli.com • DZ ab 160 €

✳ Foresteria Orsa Maggiore (Casa Internazionale delle Donne)

Das internationale Kulturzentrum für Frauen liegt in einem **ehemaligen Kloster**. Hier befindet sich neben Tagungsräumen auch die kleine Frauenherberge Foresteria Orsa Maggiore. Aus allen Zimmern hat man einen herrlichen Blick auf den Hügel Gianicolo und den Kreuzgang des Klosters aus dem 17. Jahrhundert. Zivile Preise!

Via San Francesco di Sales 1a • Bus 280, 116 • +39 06/689 37 53 • www.foresteriaorsa.altervista.org • Bett im Mehrbettzimmer ab 26 €, EZ ab 40 €

✳ Hotel Farnese

Kleines, sauberes Hotel mit für italienische Verhältnisse reichhaltigem Frühstück und hübscher Dachterrasse. Hilfsbereites, zuvorkommendes Personal. Direkt vor der Tür liegt eine U-Bahn-Station, und vom Verkehr bekommt man dank der guten Fensterisolierung nichts mit.

Via Alessandro Farnese 30 • Metro: Lepanto • +39 06/321 25 53 • www.hotelfarnese.com • DZ ab 119 €

✳ Hotel Gerber

Komfortables Hotel in guter, zentraler Lage mit schönen, sauberen Zimmern. Auf der Rückseite des Hotels befindet sich eine Terrasse. Leckeres Frühstück mit hervorragendem Cappuccino, nettes Personal am Empfang.

Via degli Scipioni 241 • Metro: Lepanto • +39 06/321 64 85 • www.hotelgerber.it • DZ ab 80 €

✳ Hotel San Francesco

Sehr zentral und trotzdem **ruhig gelegenes Hotel**! Alle Sehenswürdigkeiten sind zu Fuß erreichbar, und in den benachbarten Gassen gibt es viele kleine Restaurants. Komfortable Zimmer, gutes Frühstück und freundlicher Service.

Via Jacopa de Settesoli 7 • Tram 8, Bus 44 • +39 06/58 33 34 13 • www.hotelsanfrancesco.net • DZ ab 103 €

✳ Hotel Trastevere

In dem **Drei-Sterne-Hotel** in Trastevere hat man abends eine Vielzahl von Lokalen direkt vor der Haustür. Das Preis-Leistungs-Verhältnis stimmt, leider ist das Dekor schon etwas betagt – wer die Farbe Braun mag, ist im Vorteil. Dafür gibt es gute neue Matratzen. Nach einem Zimmer zum Hof fragen!

Via Luciano Manara 24–25 • Bus 116, 280 • +39 06/581 47 13 • www.hoteltrastevere.net • DZ ab 103 €

✳ Infinity Hotel St. Peter

Das **Drei-Sterne-Hotel** bietet gemütliche, moderne Zimmer und die Rezeption ist 24 Stunden besetzt. Täglicher Handtuchwechsel, typisch italienisches Frühstück. Perfekte Lage, sehr ruhig in der Parallelgasse einer Einkaufsstraße. Zur nächsten U-Bahnstation sind es nur 300 Meter.

Via Catone 34 • Metro: Ottaviano • +39 06/39 73 50 82 • www.excelstpeter.it • DZ ab 99 €

✳ La Duchessa a Roma

Das **kleine B&B** liegt auf dem Hügel Gianicolo. Absolutes Highlight: die Dachterrasse mit Blick über Rom! Sehr gutes, reichhaltiges Frühstück.

Via Duchessa di Galliera 14 • Bus 44, N19 • +39 06/34 73 69 62 33 • www.laduchessaaroma.it • DZ ab 90 €

✳ Rome Vatican Vacation

In den eleganten **Apartments** mit herrlichem Terrazzo-Boden kommt echt italienisches Flair auf. Man ist in ca. zehn Gehminuten auf dem Petersplatz, doch trotz der zentralen Lage kommt in dieser Gegend keine Hektik auf. Die Deutsche Heike Hördermann ist die perfekte Gastgeberin!

Via Giovanni Bettolo 35 • Metro: Ottaviano • +39 06/33 51 80 26 79 • www.romevaticanapartments.com • DZ ab 100 €

✳ Trilussa Palace

Wunderbares **Vier-Sterne-Hotel** mitten im Ausgehviertel Trastevere, das auch ein Spa beherbergt. Geräumige Zimmer mit schönen Bädern und bequemen Betten.

Piazza Ippolito Nievo 25–27 • Tram 8, Bus 780 • +39 06/588 19 63 • www.trilussapalacehotel.it • DZ ab 114 €

Der Süden

Aventino, Testaccio, Garbatella –
viel Grün umrahmt
von antiker Geschichte

Auch Roms facettenreicher Süden hat an Sehenswürdigkeiten unendlich viel zu bieten: zahllose antike Bauwerke und Kunstschätze, elegante Parklandschaften und belebte Stadtviertel. Die elegante Gegend rund um den Circus Maximus lädt zu Spaziergängen im Orangengarten auf dem Hügel Aventin ein – schon auf dem Weg dorthin lässt man den Lärm und die Hektik der Stadt vollkommen hinter sich. Daneben liegen in einer grünen Oase die Caracalla-Thermen, antike Badeanlagen.

Im Stadtteil Testaccio jenseits der Pyramide hingegen kommen Nachtschwärmer auf ihre Kosten. Um den ehemaligen Schlachthof und entlang der Via Ostiense reihen sich Klubs und Bars aneinander. Hier beginnt das »andere Rom«, der Stadtteil Eur, von Mussolini einst als postmoderne Trabantenstadt geplant und heute umgeben von üppigen Grünanlagen mitsamt dem künstlichen See Laghetto, auf dem man eine Ruderpartie unternehmen kann.

Unweit davon liegt das populäre Viertel Garbatella, in dem es sich herrlich durch idyllische Gassen schlendern lässt. Hier sind faszinierende alte Bauwerke beheimatet, etwa eine der vier päpstlichen Basiliken, San Paolo Fuori Le Mura. Archäologie-Interessierte sollten auf keinen Fall die Via Appia Antica verpassen, eine der ältesten italienischen Staatsstraßen, die vom Zentrum Roms bis nach Brindisi in Apulien führt.

Und auch in Rom denkt man beim Wort Süden als Erstes ans Meer. Kurz vor der Küste liegt Ostia Antica, der einstige Stadthafen, dessen antike Ruinen noch bestens erhalten sind. Das im Sommer sehr belebte Ostia Lido hingegen befindet sich direkt am Meer und ist mit der Metro in nur 30 Minuten vom Stadtzentrum aus erreichbar. Promenade und Altstadt des klassischen Seebads eignen sich vor allem im Sommer perfekt zum Flanieren.

Kultur
Shopping
Restaurant
Wellness
Ausgehen
Übernachten
N
0 100 m
S. Cecilia in Trastevere
Pza. Mercanti
S. Vincenzo de Paoli
Parco di S. Alessio
Ripa
Tevere
Lungotevere Ripa
Lungotevere Aventino
Porto di Ripa Grande
Via di S. Michele
V. Madonna d. Orto
Via d. Porto
Clivo di Rocca Savella
Parco Savello
Via di S. Sabina
Via G. Berniero
S. Sabina
Pza. Pietro d'Illiria
V. S. Alberto Magno
V. R. da Capua
Pza. G. Regina
S. Alessio
Via di S. Domenico
Pza. di Pta. Portese
Via d. Mura Portuensi
Ple. Portuense
Porta Portese
Ponte Sublicio
Via M. Carcani
Pza. d. Emporio
Piazza Cavalieri di Malta
Pza. d. Tempio di Diana
Aventino
Hotel San Anselmo
S. Anselmo
Via Porta Lavernale
Via S. Melania
Via S. Alessio
Via Icilio
Via S. Anselmo
V. Marco
Lungotevere Testaccio
Via Marmorata
Via Vespucci
Via A. Cecchi
Via R. Gessi
Via Querini
Da Remo
Certe Notti a Testaccio
Pza. S. Maria Liberatrice
Enoteca Palombi
Enoteca Divinare
Felice
Tram Depot
Pza. d. Servili
V. F. Nerini
V. Oddone di Cluny
Via A. Pollione
Vle. M. Gelsomini
Parco della Resistenza dell' 8 Sett.
Largo Manlio Gelsomini
L'Angolo del Benessere
Via G. Amerigo
Via Bianchi
V. Antinori
Via Rubattino
Via Florio
Via Giovanni Branca
Via Vanvitelli
Via Giorgio Mastro
Via Luca d. Robbia
Via Bodoni
S. Maria Liberatrice
Via Giovanni Battista
Via Manuzio
Via Volta
Via Ginori
Via Nicola Zabaglia
Via Lor. Ghiberti
Via Aldo Alessandro
Via Galvani
Via B. Franklin
La Silviana
Parco Leonardo
Via V. Volpicelli
Ketumbar
Flavio al Velavevodetto
Pza. O. Giustiniani
Testaccio
Checchino dal 1887
Caffè Latino
Oltre
Mario Tornatora
MACRO Testaccio
Monte Testaccio
Via Caio Cestio
Piramide di Caio Cestia
Pza. di Porta S. Paolo
Porta S. Paolo
Cimitero Acattolico
Piazzale Ostiense
Staz. Roma-Lido-di Ostia
M
Caruso Café de Oriente
Viale del Campo Boario
Coyote
Akab
Via Monte Testaccio
Retro, Il Winebar
Radio Londra
BeBop Jazz Club
Vle. del Campo Boario
La Fata Ignorante
Città dell'Altra Economia
Porto Fluviale
Ostia Antica
V. Giulietti
San Paolo Fuori Le Mura
B&B A Casa di Barbara
Caffè Letterario, Sinister Noise

Der Süden – Karte 1
Via dei Cerchi
Stadio di Domiziano
Celio
Via di San Gregorio
Salita di S. Gregorio
Ss. Giovanni e Paolo
Pza. S. Giovanni e Paolo
Parco Ninfeo di Nerone
Clivo di Scauro
Via S. Paolo d. Croce
Via Cardinale F. Spellman
Pza. di S. Gregorio
Circo Massimo
Circo Massimo
Ple. Ugo La Malfa
S. Gregorio Magno
Piazza di Porta Capena
Porta Capena
Antiquario del Celio
Circo Massimo
Monte Celio
Villa Celimontana
Parco di Porta
Largo Vittime d. Terrorismo
Via di Valle delle Camene
Via d. Terme Deciane
Via d. Fonte di Fauno
Aventino
Vecchia Roma Resort
Parco di Porta Capena
Viale d. Terme di Caracalla
Viale G. Baccelli
Stadio delle Terme
V. Licina
Viale
Via Aventina
Largo Baldinotti
Via Antonina
Pza. S. Balbina
S. Balbina
Via B. Peruzzi
Ss.Nereo e Achilleo
San Saba
Via P. Ligorio
Via S. Saba
Via di San Balbina
Viale G. Baccelli
Piazza Remuria
Via Ponzio
V. E. Rosa
Largo E. Fioritto
Terme di Caracalla
S. Saba
Via S Saba
V. Salv. Rosa
Via L. B. Alberti
V. Camuccini
Giotto
Via di Villa Pepoli
Viale Guido Baccelli
Piazza G. L. Bernini
V. Piranesi
Largo Lazzerini
Via Zuccari
Via Maratta
Via Maderno
Via d. Porta
Via Bramante
Viale
Via Antoniniana
Via Palladio
Via Guerrieri
Via Borromini
Via Pinelli
Via Appia Antica
San Saba
Giotto
Piazzale Ardeatino
V. G. Tata
Via Lucio Fabio Cilone
Via di Porta Ardeatina
Via Vigoni
Via Giovanni Miani
Via Giovanni Miani
Largo G. Chiarini
V. G. Tata
Via Girolamo
Via A. Cadamosto
Dandini
C. Beltrami
V. Contarini
Via Appia Antica
Bellaventura B&B
Eataly
Conbipel
Casa del Jazz

Kultur
Shopping
Restaurant
Wellness
Ausgehen
Übernachten
N
0 100 m
Esquilino
Domus Aurea
Terme di Traiano
Via Terme di Tito
Via Nicola Salvi
Via Domus Aurea
V. d. Terme di Traiano
Mecenate
Via C.
Poliziano
Botta
Via G. Pascoli
Via A.
Via Machiavelli
Giusti
Via Alfieri
Via Guicciardini
S. Anna
Merulana
Via Ruggero Bonghi
Via G. M. Crescimbeni
Via L. Muratori
Via P. Villari
V. Iside
V. P. Verri
Labicana
Piazza del Colosseo
Via Ostilia
V. d. Normanni
S. Clemente
Pza. S. Clemente
Via dei Ss. Quattro
Capo d'Africa
Via Celimontana
Via Marco Aurelio
Via Annia
V. d. Querceti
Via dei Ss. Quattro
Via di S. Giovanni in Laterano
Ss. Marcellino e. Pietro
Ospedale S. Giovanni
Basilica dei Santi Quattro Coronati
Parco del Celio
Ex. Antiquarium Com.
Tempio del Divo Claudio
Via Claudia
Case Romane del Celio
Ss. Giovanni e Paolo
Ninfeo di Nerone
Pza. Celimontana
Ospedale Militare del Celio
Via di S. Stefano Rotondo
Ospedale S. Giovanni
Clivo di Scauro
Pza. di S. Gregorio
Via S. Paolo d. Croce
Via Cardinale
Largo d. Sanità Militare
Sanatorio Umberto I
Ospizio d. Addolorata
S. Gregorio Magno
S. Maria in Domnica
Font. d. Navicella
Via della Navicella
Santo Stefano Rotondo
Via di Villa Fonseca
Via Amba Aradam
Via dei Laterani
Antiquario del Celio
F. Spellman
Ospedale Britannico
Via di S. Erasmo
V. d. Valeri
Via Drusiana
Via Decennia
Monte Celio
Villa Celimontana
Tai Chi
Via di Valle delle Camene
Largo Vittime d. Terrorismo
Parco di Porta Capena
G. Baccelli
Largo A. Aradam
Via della Ferratella
Piazzale Ipponio
Via Ipponio
Pza. di Pta. Metronia
Porta Metronia
Piazzale Metronio
V. Norico
Via Angiona
Via Illiria
Viale d. Terme di Caracalla
Via Druso
Via Gallia
Largo Baldinotti
Pza. S. Balbina
Via Antonina
S. Sisto Vecchio
Via Tracia
Via Pannonia
Via Alesia
Parco Egerio
Via Monte Calvarello
Via Marcello
Ss.Nereo e Achilleo
Piazzale Numa Pompilio
V. C.
Viale
Terme di Caracalla
Via Taurasia
V. De Mattias
Via Numidia
Via Aquitania
Licia
Metronio
Viale
S. Cesareo de Appia
Via di Porta S. Sebastiano
Via di Porta Latina
Casina Bessarione
Viale delle Terme di Caracalla
Antoniniana
Viale Guido Baccelli
Via Lucio Fabio Cilone
Largo Mesia
S. Giovanni a Pta. Latina
Via S. Giovanni a Porta Latina
San Saba
Parco d. Scipioni
Porta L

Der Süden – Karte 2
Via di Porta Maggiore
Staz. Porta Maggiore
Piazzale Labicano
Piazza di Porta Maggiore
Via Luigi Luzzatti
Via S. Croce in Gerusalemme
Viale A. Manzoni
V. Emanuele Filiberto
Via Nino Bixio
Galilei
Manzoni
V.C. Emanuele I
V. Vitt. Amedeo II
Via S. Quintino
V. Pr. Aimone
Villa Wolkonsky
Via Statilia
V. Grattoni
V. Toti
Sommeiller
V. Eleniana
Grandis
Via Casilina
Museo d. Lotta di Liberazione
Via Amedeo VIII
Via Tasso
V. Berni
Pza. di V. Wolkonsky
Via G. B. Piatti
Via Menabrea
V. Sessoriana
Pza. S. Croce in Gerusalemme
Museo d. Strumenti Musicali
S. Croce in Gerusalemme
Anfiteatro Castrense
Viale Castrense
V. D. Fontana
Scala Santa
Via Ludovico di Savoia
V. Sclopis
V. Provana
Via Biancamano
V. Umberto
Via Conte Rosso
Viale Carlo Felice
Palazzo Lateranense
Pza. di Pta. S. Giovanni
Viale Castrense
V. S. Severo
Viale Nola
Via La Spezia
Basilica di San Giovanni Laterano
Piazzale Appio
Largo Brindisi
V. Pozzuoli
Via Isernia
Orvieto
V. Voghera
San Giovanni
Teichner
Acqua & Sapone
Mercato di Via Sannio
Via Locri
Via Sannio
V. Cortinio
Via Grecia
V. Faenza
V. Pontremoli
Rimini
Piazza Imola
Via Taranto
Via Monza
Via Terni
Ss. Immac.
Via Foligno
V. Vibo Val.
Urbino
Cesena
V. Sciacca
V. Fidenza
Via Aosta
V. Coneg-liano
Dar Bruttone
Piazza Casalmaggiore
Via Casoria
V. Cerreto
Via Appia Nuova
Via Veio
V. Fidena
Da Bernardo
V. Atella
Via Amiterno
Via Faleria
V. Vasto
Piazza Sulmona
Via Tuscolana
Via Pinerolo
Villa Paolo
Via Matera
Ist. S. Dorotea
Vintage Show
Via Marruvio
Via Magna
V. Suessola
V. Curia
Via Fregene
B&B Domus Appia 154
Via Lavinio
Piazza dei Re di Roma
Re di Roma
Artigianino
Via Ardea
Via Vercelli
V. Sermide
Bobbio
Via Pordenone
Via Claterna
Via Gabi
Piazza Tarquinia
Via Cerveteri
V. Siponto
Pomezia
Albalonga
Via Olbia
Via Luni
V. Cereate
Via Soana
Pompi
Via Appia
V. Casalmonferrato
Via Gallia
Piazza Tuscolo
Via Astura
Via Trebula
Via Ceneda
V. Perento
V. Statonia
Via Domodossola
Via Tortona
Via Nuova
Via Mortara
Urbisaglia
Saturnia
V. Pirgo
Via E. Recina
Piazza Pompei
V. Britannia
Via Altino
Via Imera
Via Susa
Via Etruria
Via D. Orione
Via Appia Nuova
V. Pompei
Via Collazia
Via Cutilia
Via Dacia
Largo Don Orione
Via Albenga
Via Cividale del Friuli
Via Ercolano
Piazza Armenia
La Civetta Vanitosa
Via Sinuessa
Via Satrico
Via Concordia
Via Soluno
Via Stabia
Via Mondovi
Via Novi
Via Acqui
Via Populonia
Via Galazia
Piazza Zama
Via Ivrea
Piazza Camillo Re
Circonvallazione Appia

Kultur

Der Süden Roms wartet mit zahlreichen historischen Sehenswürdigkeiten auf. Die einzigartige Via Appia Antica mit ihren Katakomben gehört zu den wichtigsten Straßen der Welt, und grandiose Kirchen wie San Clemente oder die weniger bekannte Basilica dei Santi Quattro Coronati beeindrucken jedes Jahr Tausende Besucher. Etwas versteckt hinter der Pyramide liegt in Testaccio der bezaubernde protestantische Friedhof, wo der Lyriker John Keats und andere illustre Persönlichkeiten bestattet wurden. Wer sich für das Leben der römischen Oberschicht vor 1500 Jahren interessiert, dem sei das Museum der Case Romane wärmstens empfohlen.

* Basilica dei Santi Quattro Coronati

Unweit des Kolosseums liegt mit dem Augustinerinnenkloster eine versteckte Perle. Bis 17 Uhr sind die Nonnen im Gebet, danach darf man klingeln. Der wunderschöne Kreuzgang und die mit Fresken geschmückte **Kirche** haben viel Charme, und auch die San-Silvestro-Kapelle gleich am Eingang zum Kloster ist einen Besuch wert.

Via dei Santi Quattro 20 • Metro: S. Giovanni • +39 06/70 47 54 27 • Tgl. ab 17 Uhr • Statt Eintritt Spende erwünscht

* Basilica di San Giovanni in Laterano

Die älteste der vier **Patriarchalbasiliken** Roms kann dem Vergleich mit dem Petersdom ohne Weiteres standhalten; zudem ist das großartige Bauwerk mit reicher Kirchengeschichte weit weniger überlaufen. Auf der monumentalen Fassade der Basilika ist die Inschrift »Mater et caput omnium ecclesiarum urbis et orbis« (Mutter und Haupt aller Kirchen der Stadt und des Erdkreises) zu lesen.

Piazza di San Giovanni in Laterano • Metro: S. Giovanni • +39 06/69 88 64 33 • www.vatican.va • Tgl. 7–18.30, Kreuzgang 9–17.45 Uhr • 3 €

Case Romane del Celio

Ein absolutes Muss für Archäologie-Fans! In diesem **Museum** gegenüber vom Eingang zum Palatin kann man sich ein Bild davon machen, wie es sich als betuchter Römer vor 1500 Jahren lebte. Wunderschöne Fresken aus dem 3. bis 5. Jahrhundert lassen die Vergangenheit zum Leben erwachen.

Clivo di Scauro • Metro: Circo Massimo • +39 06/70 45 45 44 • www.caseromane.it • Do–Mo 10–13, 15–18 Uhr • 6 €

Cimitero Acattolico

Der wunderschöne kleine **Friedhof** gleich hinter der Pyramide (S. 122) ist eine grüne Oase inmitten des hektischen Stadtverkehrs. Abgesehen von den illustren Persönlichkeiten, die hier ruhen – so etwa der englische Lyriker John Keats und Goethes fünfter Sohn August –, kann man auf der schönen Wiese perfekt eine Rast einlegen!

Via Caio Cestio 6 • Metro: Piramide • +39 06/574 19 00 • www.cemeteryrome.it • Mo–Sa 9–17, So 9–13 Uhr

MACRO Testaccio

Das Museum auf dem Gelände der ehemaligen städtischen Schlachthöfe ist die »ältere Schwester« des MACRO-Museums für **moderne Kunst** im Norden Roms und besticht immer wieder durch internationale Ausstellungen und andere kulturelle Veranstaltungen. Von den insgesamt 43 000 Quadratmetern sind zwei Hallen der zeitgenössischen Kunst gewidmet. Der ideale Ort für Experimente!

Piazza Orazio Giustiniani • Metro: Piramide • +39 06/71 07 04 00 • Di–So 16–0 Uhr • www.museiincomuneroma.it • 4,50 €

Wohl das schönste »Schlüsselloch« der Welt findet sich auf dem Aventin. Wunderbarer Durchblick auf den Petersdom! →

✳ Monte Aventino

Ein Aufstieg zum **Hügel** Aventin darf bei keinem Rombesuch fehlen! Bei einem Spaziergang durch den herrlichen Giardino degli Aranci, den Orangengarten, bietet sich eine wunderbare Aussicht über die Stadt. Am »Schlüsselloch« der Cavalieri di Malta steht man natürlich an, doch das Warten lohnt sich, denn von dort aus hat man einen perfekten Blick auf die Kuppel des Petersdoms!

Via di Santa Sabina • Metro: Circo Massimo

✳ Monte Testaccio

Eine Ökohalde der Geschichte! Der Hügel Testaccio, im Volksmund Monte dei cocci (»Scherbenberg«) genannt, ist 39 Meter hoch und besteht aus jahrtausendealten **Scherben**. In den damaligen antiken Markthallen wurde die Ware noch in Amphoren verpackt, und die Händler häuften mit ihren Scherben im Laufe der Zeit diesen einzigartigen Hügel an.

Geht gar nicht

Taschen nur locker am Körper zu tragen und Wertgegenstände offen zu zeigen, lockt Diebe an. Oft geht es sekundenschnell, vor allem in Bussen und an öffentlichen Plätzen!

Via Zabaglia 24 • Metro: Piramide • +39 06/06 08

✳ Ostia Antica

Antike wie aus dem Bilderbuch und Geschichte zum Anfassen! Der antike römische **Hafen** ist sehr gut erhalten; teilweise stehen noch ganze Straßenzüge und Gebäude, z. B. die mehrstöckigen Mietskasernen *(Insulae)* und ein grandioses Theater. Ein absolutes Muss für Archäologie-Fans! Das Meer liegt quasi vor der Tür.

Viale dei Romagnoli 717 (in Ostia Antica) • Metro: Cristoforo Colombo • +39 06/56 35 80 99 • www.ostiaantica.beniculturali.it • Aktuelle Öffnungszeiten siehe Website • 8 €

✳ Piramide di Caio Cestia

Die **Grabstätte** des Caius Cestius in Form einer ägyptischen Pyramide im Kleinformat erinnert an den großen Einfluss Ägyptens auf die Kultur des antiken Roms. Die Pyramide ist vollständig erhalten, leider jedoch nur von außen zu besichtigen.

Via Raffaele Persichetti • Metro: Piramide

Ruhig und majestätisch thront Ostia Antica, die alte und selbst in den Details noch sehr gut erhaltene Hafenstadt Roms, am Meer.

Roseto di Roma Capitale

Auf dem Weg zum Orangengarten auf dem Aventino öffnen sich im Frühling die Tore zu einer der romantischsten Grünanlagen Roms mit ca. 1100 verschiedenen Rosenarten. Die herrlichen Farben und Düfte sowie der schöne Blick auf den Circus Maximus machen den **Rosengarten** zu einem zauberhaften Besucherziel.

Via di Valle Murcia 6/7 • Metro: Circo Massimo • +39 06/574 68 10 • Di–So 9–19, 24. und 31.12. 9–14 Uhr

San Paolo Fuori Le Mura

Eine der vier **päpstlichen Basiliken** in Rom, die nicht zu den bekannten Touristenzielen gehört und gerade deshalb einen Besuch wert ist. Wunderschöner Kreuzgang, außerdem Souvenirshop und Cafeteria.

↓ *Auch in vergangener Zeit ließen es sich die Römer gut gehen: Die Caracalla-Thermen waren einst eine Art riesiger Freizeitpark.*

Piazzale San Paolo 1 • Metro: Garbatella • +39 06/45 43 41 85 • www.basilicasanpaolo.org • Sa, So 7–19 Uhr

Santo Stefano Rotondo

Eine **Gruselkirche**! In diesem architektonischen Kunstwerk sind weniger Heilige abgebildet, dafür werden hier auf zahlreichen Abbildungen Märtyrern u. a. die Bäuche aufgeschlitzt. Am Eingang ist in deutscher Sprache zu lesen, dass es sich bei Santo Stefano Rotondo um die Titularkirche des Alterzbischofs von München und Freising, Friedrich Kardinal Wetter, handelt.

Via di San Nicola da Tolentino 13 • Metro: S. Giovanni • +39 06/774 00 21 • www.santo-stefano-rotondo.it • So und Feiertage 12–18, 15–18 (Sommer), tgl. 9.30–12.30, 14–17 Uhr (Winter)

Terme di Caracalla

Die Thermen gehören zu den **ältesten Badeanlagen Roms** (in Betrieb von 212 bis 537) und bestehen heute zum größten Teil aus Ruinen. Damals wurde in dem edlen Ambiente mit kostbarstem

Marmor und Mosaiken auch Sport getrieben. Es gab auch eine Bibliothek, in die bis zu 1600 Personen passten!

Via delle Terme di Caracalla 9–13 • Metro: Circo Massimo • +39 06/571 74 51 • www.archeoroma.beniculturali.it • Tgl. 9–19 Uhr • 6 €

✳ Via Appia Antica

Die berühmte **Gräberstraße** gehört in jedes Rom-Besuchsprogramm! Sie ist zwar nicht die älteste, aber dafür eine der wichtigsten und bekanntesten altrömischen Konsularstraßen, die um 312 v. Chr. angelegt wurde. Für einen Spaziergang empfiehlt es sich, den Bus bis zur Haltestelle Metella zu nehmen. Sonntags ist die Straße für den Verkehr gesperrt und wird zur Flaniermeile!

Via Appia Antica • Metro: Colli Albani, Bus 660 • www.parcoappiaantica.com

✳ Villa Celimontana

Der etwas kleinere, aber wunderhübsche **Park** reicht von der Südwestseite des Hügels Celio bis ins Valle delle Camene unweit der Caracalla-Thermen und wartet mit dem Obelisco Matteiano, dem Zwilling des Obelisken vor dem Pantheon, auf. Das kleine Paradies lädt zum Ausruhen oder Tagträumen ein, Highlight sind jedoch die Jazzkonzerte an lauen Sommerabenden!

Via della Navicella 12 • Metro: S. Giovanni • +39 06/581 77 27 • www.comune.roma.it • Tgl. 7 Uhr–Sonnenuntergang

Shopping

Die meisten Einkaufsmöglichkeiten bieten die Innenstadt und der Stadtteil Prati, doch auch im Süden Roms gibt es ein paar Shoppingmeilen wie etwa die Via Appia Nuova oder der Viale Marconi. Zwischen kleinen Läden, Bars und Eisdielen kann man hier ohne Hektik und Touristenmassen herrlich bummeln. In der Via Sannio befindet sich einer der besten Straßenmärkte der Stadt mit trendiger Mode und Taschen zu Superpreisen. Wer Einkaufszentren liebt, sollte einen Ausflug in den Parco Leonardo unweit des netten Fischerörtchens Fiumicino machen und den Shoppingtrip mit einem Besuch am Meer oder im alten Hafen Ostia Antica verbinden. Outlet-Fans müssen etwas weiter ins ca. 35 Kilometer entfernte Castel Romano.

* Artigianino

Winzig! Seit 23 Jahren fertigen Alessia und Davide **Taschen, Geldbeutel oder Gürtel aus Leder**, in den verschiedensten Farben und zu guten Preisen. Sollte das Modell in der gewünschten Farbe nicht vorrätig sein, wird es in wenigen Tagen ganz nach Kundenwunsch eigens hergestellt.

Via Appia Nuova 187 • Metro: Re di Roma • +39 06/701 83 30 • www.artigianino.com • Mo–Sa 9–13, 15–20 Uhr

Geht gar nicht

Sofort loslaufen, wenn römische Ampeln grünes Licht geben: Das heißt noch lange nicht, dass man gefahrlos die Straße überqueren kann.

* Conbipel

Die **fröhlich-freche Marke** findet man leider nur etwas außerhalb der City oder in den großen Einkaufszentren; diese Boutique liegt im Stadtviertel Eur. Ob Kleidung oder Accessoires, Conbipel trifft immer ins Schwarze und hat in den Jahren 2013 und 2014 nicht ohne Grund den Preis »Retailer of the year« erhalten. Die Preise stimmen auch!

Via Cristoforo Colombo 456 • Metro: Marconi, Bus 714 • +39 06/540 69 96 • www.conbipel.com • Mo–Sa 9.30–20, So 10–20 Uhr

! Auf Schnäppchenjagd: Roms Straßenmärkte

In keinem anderen Land kann man sich so modisch und gleichzeitig günstig kleiden wie in Italien. Einen großen Teil tragen dazu die zahlreichen Straßenmärkte Roms bei, denn bei den Designs orientiert man sich hier an den internationalen Laufstegen, wenn auch die Qualität dem Vergleich zweifellos nicht standhält. Trotzdem kann man an den Verkaufsständen, die sich täglich am Viale Parioli oder Viale Giulio Cesare entlangziehen, z. B. echte Lederschuhe ergattern, die vielleicht nur aus der letztjährigen Kollektion stammen. Wer also gerne stöbert, sollte sich die sogenannten *bancarelle* näher anschauen! Einziger Wermutstropfen: Die meisten Märkte haben im Sommer geschlossen.

Der bekannteste Straßenmarkt der Stadt findet an der Porta Portese statt (S. 129). Obwohl er schon bessere Zeiten gesehen hat, kann er immer noch mit typisch römischem Charme punkten. Hier findet man Möbelhändler genauso wie Imbissbuden oder Stände, die Musik-CDs verkaufen.

Wer auf eine große Auswahl an trendigen Klamotten und Accessoires Wert legt, sollte sich in die Via Sannio aufmachen. Der auf den ersten Blick nicht besonders ansprechende Markt (S. 128) hat tolle Mode, Taschen, Modeschmuck oder auch Vintage-Kleidung im Angebot, nebst Campingausrüstung und Angelbedarf. Ein anderer sehenswerter Straßenmarkt ist der Mercatino Flaminio (S. 59), der jeden Sonntag unweit der Piazza del Popolo seine Pforten öffnet. Man zahlt 1,60 € Eintritt und bekommt dafür an 240 Ständen Klamotten bis zum Abwinken und diverse Haushaltsartikel geboten.

Die Trends von morgen findet man auf dem hippen kleinen Mercato Monti (www.mercatomonti.com) im gleichnamigen Viertel, der am Wochenende in einer Halle zwischen Via Cavour und Via Nazionale stattfindet. Hier stellen junge Designer ihre coolen Kreationen aus, z.B. ausgefallene Taschen aus recycelten Sicherheitsgurten oder Autoreifen.

La Civetta Vanitosa

Die Regale in diesem **Schmuckatelier** quellen förmlich über vor glitzernden Glas- und Tonperlen. Die ehemalige Maßschneiderin Filomena Tolino kreiert mit ihrer »Klimt-Technik« superoriginelle Stücke und veranstaltet auch Kurse. Das Ergebnis sind ausgefallener Schmuck, Taschen und fesche Hüte.

Via Satrico 12 · Bus 360, 665, 828 · +39 06/7 00 84 88 · www.lacivettavanitosa.it · Di–Sa 10–13, 16–19.30 Uhr

Mercato di Via Sannio

Zum Stöbern auf einem der besten **Straßenmärkte** Roms sollte man schon etwas Zeit mitbringen. Angesichts der vielen tollen Klamotten, Lederwaren und Schmuckstücke hat man die Qual der Wahl. Ob Accessoires oder Jeans bekannter Marken, ob echt oder unecht – Via Sannio ist ein Shoppingparadies für den kleinen Geldbeutel. Vorsicht, Taschendiebe!

Via Sannio · Metro: S. Giovanni · Mo–Mi, Fr 8–14, Do, Sa 8–17 Uhr

↓ *Auf dem Markt Porta Portese verkaufen die echt römischen Marktschreier auch* porchetta, *gut gewürztes Schweinefleisch.*

Oltre

Normalerweise findet man Oltre eher in den großen Einkaufszentren. In der modern eingerichteten Boutique wird es nie langweilig: Die **elegant-trendige Mode** ist für alle Altersklassen geeignet, und das Angebot reicht von klassischen, sportlichen Oberteilen bis hin zu edlen Kleidern, die jedoch nie zu konservativ wirken.

Viale Guglielmo Marconi 148 · Metro: Marconi · +39 06/55 30 18 38 · www.oltre.com/it · Mo–Sa 10–20 Uhr

Parco Leonardo

Das **Einkaufszentrum** im Süden Roms mit ca. 250 Läden – darunter viele schicke Schuhgeschäfte und attraktive Boutiquen – ist mit dem Zug gut erreichbar. Man kann den Shoppingtag zudem mit einem Spaziergang oder Abendessen am Meer ausklingen lassen, dort ist man nämlich in ein paar Minuten!

Via Portuense 2000 · von den Stationen Ostiense, Triburtina und Trastevere fährt ein Nahverkehrszug · +39 06/ 45 42 24 48 · parcoleonardo.it · Tgl. 10–22 Uhr

✳ Porta Portese

Auf dem **größten Straßenmarkt** Roms kann man sich ausgiebig auf Schatzsuche begeben, denn von Handtaschen über Schuhe und Antiquitäten bis hin zu Lebensmitteln gibt es hier so ziemlich alles. Leider ist das Angebot nicht mehr das, was es mal war. Aufs Portemonnaie aufpassen, der Markt ist ein Paradies für Straßendiebe!

Piazza Porta Portese, Piazza Ippolito Nievo (Eingänge) · Tram 8, 3 · www.portaportesemarket.it · Sa 9–14 Uhr

✳ Teichner

Unweit der Piazza Re di Roma liegt dieses vierstöckige, gut sortierte **Bekleidungskaufhaus**. In freundlichem Ambiente bekommt man sportliche und elegante Klamotten, Schuhe und Accessoires von Labels wie Armani oder Pinko, und wenn man etwas Glück hat, wird man auch in der Outlet-Abteilung fündig. Viele Teile in Übergrößen.

↑ *Auf dem gigantischen Markt Porta Portese findet man so ziemlich alles, was man sich nur träumen lassen kann. Auch Nippes grüßt an allen Ecken!*

Via Appia Nuova 2 · Metro: EUR Palasport · +39 06/700 09 34 · www.teichner.it · Tgl. von 10–20 Uhr

✳ Vintage Show

Der Name ist Programm: Rom ist nicht gerade ein Vintage-Mekka, und wer auf der Suche nach gut erhaltener Mode und Accessoires **aus den Jahren 1900 bis 1980** ist, sollte sich unbedingt diesen Stand auf dem Wochenmarkt Mercatino Magnagrecia näher anschauen.

Via Amiterno 7 · Metro: S. Giovanni · +39/38 02 50 20 08 · www.abbigliamentovintageshow.it · Mo–Sa 9.30–18.30 Uhr

Restaurants & Cafés

Wie überall in Rom ist auch im Süden die Auswahl an guten Restaurants und Pizzerien groß. Egal, zu welcher Tages- oder Nachtzeit der Hunger kommt, irgendein Lokal oder eine Bar hat immer geöffnet. Mit einem *Tramezzino*, einem belegten Sandwich aus der Bar, kann man sich hier gemütlich im Giardino degli Aranci oder im Roseto Comunale niederlassen und den beeindruckenden Blick auf Rom und den Circus Maximus genießen. Fischliebhaber sollten sich direkt in Richtung Meer aufmachen, denn in Fiumicino oder Ostia bieten viele Lokale die beliebten *Spaghetti Vongole* und andere Fischspezialitäten an.

* Checchino dal 1887

Auch in Rom weiß inzwischen fast jeder, dass Joschka Fischer und seine Braut 2005 hier ihr Hochzeitsmahl einnahmen, weshalb die **Trattoria** im alten Schlachthofviertel mittlerweile auch international ziemlich angesagt ist. Es werden Hausmannkost der gehobenen Preisklasse und eine ausgezeichnete Weinkarte geboten.

Via di Monte Testaccio 30 · Metro: Piramide · +39 06/574 38 16 · www.checchino-dal-1887.com · Di–Sa 12.30–15, 20–0 Uhr · Nudelgerichte ab 15 €

* Da Remo

Traditionspizzeria, wegen der niedrigen Preise und der erstklassigen Pizza aus dem Holzofen immer voll. Auch die *Fritti*, die frittierten Vorspeisen, sind gut. Dazu ein *Menabrea*, ein süßes, leichtes Bier aus Italien, und die Welt ist in Ordnung. Lange Schlangen vor dem Lokal!

Piazza Santa Maria Liberatrice 44 · Metro: Piramide · +39 06/574 62 70 · Mo–Sa 18–1 Uhr · Pizza ab 6 €

Don't miss

Die göttlichen Vorspeisenbüfetts, die einige Restaurants in Rom bieten, mit einer großen Auswahl an gegrilltem Gemüse und teilweise auch Fisch. Es lohnt sich oft, nur diese zu bestellen.

✳ Dar Bruttone

In römischem Dialekt bedeutet der Name des Restaurants »Beim Hässlichen«! **Deftige Hausmannskost**, aber auch feine lokale Spezialitäten in typisch italienischem Ambiente. Hervorragender Hauswein. Die gute Küche erkennt man – wie immer – an den vielen einheimischen Gästen.

Via Taranto 118 · Metro: Re di Roma · +39 06/89 02 48 70 · Di–So 12.30–15, 19.30–22.30 Uhr

✳ Eataly

Ein Paradies für Feinschmecker! Hier reicht ein einziger Besuch kaum aus, denn in diesem **Delikatessenkaufhaus** gibt es auf mehreren Stockwerken alles, was man zum Thema italienisches Essen wissen, kaufen und vor allen Dingen vor Ort probieren kann.

Piazzale XII Ottobre 1492 · Metro: Marconi · +39 06/90 27 92 01 · www.eataly.it · Tgl. 10–0 Uhr

✳ Enoteca Divinare

Egal, ob zum Mittag- oder Abendessen, in dieser elegant eingerichteten, geräumigen **Weinbar** fühlt man sich zu jeder Tageszeit wohl. In dem edlen Ambiente mit hölzernen Regalen und hohen Wänden zahlt man gern etwas mehr, obwohl mittags auch preiswerte Gerichte auf der Karte stehen.

Via Aldo Manuzio 12 · Metro: Piramide · +39 06/57 25 04 32 · Mo–Fr 10–15, 17–23, Sa 10–13, 17–23 Uhr · Nudelgerichte ab 10 €

✳ Enoteca Palombi

In dem rustikalen **Wein- und Bierkeller** tischt Mario zur Happy Hour ein reichhaltiges Büfett mit traditionellen *Trippa alla romana* oder *Penne all'arrabbiata* auf, die hier schon sein Großvater Orazio servierte. Auch das Abendessen ist empfehlenswert, und im Sommer kann man herrlich draußen vor dem Lokal sitzen.

Piazza Testaccio 38 · Tram 8, Bus 3b · +39 06/574 61 22 · Mo–Sa 8–13.30, 16–20 Uhr · Kleine Gerichte ab 8 €

✳ Felice

Essen *alla Mamma*, aber mit Raffinesse! In diesem Restaurant hat man ohne Reservierung fast keine Chance auf einen Tisch. Wie fast überall in Rom gehören Artischocken auch bei Felice zum Standardangebot – ob klassisch (gefüllt) oder auf jüdische Art (frittiert), sie schmecken einfach köstlich. Leider wirkt der Service manchmal etwas überfordert.

Via Mastro Giorgio 29 · Metro: Piramide · +39 06/574 68 00 · www.feliceatestaccio.it · Tgl. 12.30–15, 19.30–22.30 Uhr · Hauptgerichte ab 10 €

✳ Flavio al Velavevodetto

Restaurant der mittleren Preisklasse mit **heimeligem Ambiente**. Das nette und zuvorkommende Personal, wie z. B. der charmante Kellner Antonio, kennt die Speisekarte auswendig und spricht gerne Tagesempfehlungen aus. Sehr gute Auswahl an lokalen Weinen.

Via di Monte Testaccio 97–99 · Metro: Piramide · +39 06/574 41 94 · www.ristorantevelavevodetto.it · Tgl. 12.30–15, 19.45–23 Uhr · Nudelgerichte ab 10 €

✳ Il Winebar

Von außen eine Mischung aus Lagerhaus und Kunstgalerie, beherbergt das Gebäude der italienischen Feinschmeckervereinigung Gambero Rosso (das auch *Cittā del Gusto*, »Stadt des Geschmacks«, genannt wird) im vierten Stock ein exzellentes, **exklusives Restaurant**. Faszinierende, elegante Atmosphäre, leider teuer!

Via Enrico Fermi 161 · Metro: Garbatella · +39 06/55 11 22 64 · www.ilwinebar.it · Di–Sa 18–0 Uhr · Nudelgerichte ab 15 €

✳ La Fata Ignorante

In dem **stilvoll eingerichteten Restaurant** (*Fata ignorante* bedeutet so viel wie »dumme Fee«) wird man nie enttäuscht. Gastgeber Gianluca und sein freundliches Team servieren zu jeder Tageszeit Köstliches zu fairen Preisen! Nur einen kurzen Fußweg von der U-Bahn-Station entfernt.

Via Giuseppe Giulietti 55a · Metro: Piramide · +39 06/94 36 68 35 · www.lafataignorante.it · Mo–Do 12.30–14.30, 20–23, Fr, Sa 12.30–14.30, 20–23.30 Uhr · Pasta ab 6 €

✳ La Silviana

Das **Restaurant** ist seit 45 Jahren in Familienbesitz und im ganzen Viertel Portuense bekannt und beliebt für seine *Fritti e suppli*, frittierte Vorspeisen und

Reisbällchen. Man kann sie mitnehmen oder vor Ort essen. Alles wird immer frisch zubereitet.

Via Pietro Venturi 83 · Metro: Marconi · +39 06/55 26 49 08 · www.lasilviana.it · Mo–Sa 18–1 Uhr

✳ Mario Tornatora

In dieser ***Pasticceria*** unweit des Viale Marconi wird ein ausgezeichneter Cappuccino mit hervorragenden *Cornetti* serviert, weshalb es hier morgens oft hektisch zugeht. Zur Mittagszeit kann man sich selbst bedienen und abends gibt es ein Happy-Hour-Büfett. Die Getränkepreise sind relativ günstig, nur das Gebäck ist teuer.

Via Oderisi da Gubbio 27–29c · Metro: Marconi · +39 06/559 36 58 · www.bartornatora.it · Mo–Sa 6–22, So 6–20 Uhr

✳ Pompi

Wer in der Via Appia Nuova oder auf dem Kleidermarkt in der Via Sannio unterwegs ist, muss unbedingt einen Abstecher in diese **Tiramisu-Bar** machen! Das Café ist ein beliebter Treff zum Frühstücken, und im Sommer tummeln sich die Römer draußen vor dem Lokal bei einem Eis oder Aperitif. Schon mal ein Tiramisu *alla banana* oder mit Erdbeeren probiert?

Via Albalonga 7b · Metro: Re di Roma · +39 06/700 04 18 · www.barpompi.it · Di–So 7–1.30 Uhr · Do Büfett mit Getränk 10 €

✳ Retro

Das hervorragende Restaurant liegt etwas versteckt in einer Seitenstraße des Viale Marconi. Stilvolle, **moderne Einrichtung**, ausgezeichnete Küche und das Preis-Leistungs-Verhältnis stimmt. Hübscher Außenbereich mit netter Atmosphäre!

Via Enrico dal Pozzo 5 · Metro: Garbatella · +39 06/557 43 70 · www.ristoranteretro.it · Mo 19.30–0, Di–So 12.30–15, 19.30–0 Uhr

Sebastiano vom »La Silviana« stellt seit nunmehr 45 Jahren seine berühmten suppli *her, Reisbällchen.* →

Wellness

Am besten und günstigsten lässt es sich in Rom bei einem Ausflug an die nahe gelegene Küste oder auf einem der sieben Hügel mit ihrem herrlichen Blick über die Stadt entspannen. Im Süden kann man am Sonntag herrliche Spaziergänge auf der Via Appia Antica unternehmen, da die berühmte Straße dann für den öffentlichen Durchgangsverkehr gesperrt ist. Mutige leihen sich einen Vespa-Roller aus, ein Fahrrad tut's natürlich auch. Und für schlappe 1,50 € ist man mit der Metro in etwa einer halben Stunde am Meer – egal, zu welcher Jahreszeit, es gibt nichts Schöneres als sich am Strand die frische, salzige Luft um die Nase wehen zu lassen.

* Acqua & Sapone

Acqua e Sapone bedeutet übersetzt »Wasser und Seife« und ist eine der wenigen **Drogeriemarkt**-Ketten in Rom. Auch wenn das Angebot mit deutschen Drogerien nicht zu vergleichen ist, findet man hier trotzdem immer etwas Neues in Sachen Make-up oder Parfum. Tipp: Cera di Cupra, eine hochwertige Creme aus reinem Bienenwachs, die hier unheimlich günstig und in vielen Varianten zu haben ist.

Largo Magna Grecia 13 • Metro: S. Giovanni • +39 06/ 700 95 80 • www.acquaesapone.it • Mo–Sa 9–19.30, im Sommer bis 20 Uhr

Don't miss

Eine Kombi aus Joggingrunde und Sightseeingtour, die von www.sightjogging.it empfohlen wird – ideal für sportliche Rombesucherinnen. Man sieht in kürzester Zeit die wichtigsten Monumente und kann dabei noch etwas für seine Fitness tun!

* L'Angolo del Benessere

Die Italienerinnen achten sehr auf ihre Figur und sind oft beim Ernährungsspezialisten, der u. a. einen genauen Essensplan aufstellt. Sollte eine Diät allein nicht ausreichen, hilft das **Schlankheitsstudio** L'Angolo di Benessere mit wohltuenden Massagen und Ganzkörperkuren.

Via Ignazio Ribotti 8 • Bus 711 • +39 06/550 41 76 • www.langolodelbenessere.it • Di–Fr 9–20, Sa 9–17.30 Uhr

✳ Tai Chi in der Villa Celimontana

Jeden Sonntag wird in der Villa Celimontana gratis **Tai Chi**, eine chinesische Kampfkunst, die sowohl der Gesundheit als auch der Entspannung dient, angeboten. Der Kurs ist als Schnupperstunde gedacht, aber viele Römer kommen seit Jahren hierher. Gegen 10.30 Uhr geht es normalerweise los, man sollte rechtzeitig da sein. Zwei Stunden Wellness für Körper und Seele!

Via della Navicella 12 • Metro: Colosseo • taichi.xoom.it • 10.30–12.30 Uhr

✳ Via Appia Antica

Jeden Sonntag ist die anmutige antike Konsularstraße für den Durchgangsverkehr gesperrt. Man sollte sich unbedingt ein paar Stunden Zeit nehmen, um hier in aller Ruhe durch die prachtvolle Natur **zu spazieren** oder sich ein Fahrrad auszuleihen. Die frische Luft und das viele Grün laden zu einem Picknick ein.

Via Appia Antica • Bus 660 • www.parcoappiaantica.it

Regina Viarum, *»Königin der Straßen«: Die Via Appia Antica ist eine der ältesten Straßen der Welt.* →

Ausgehen

Der Stadtteil Testaccio ist die Adresse für Nachtschwärmer jeden Alters! Doch auch wenn das eine oder andere Lokal hier recht modern und schrill eingerichtet ist, kann Rom anderen europäischen Metropolen wie London oder Berlin in Sachen Coolness nicht das Wasser reichen. Statt irgendwelchen Trends hinterherzulaufen, dreht sich in der Ewigen Stadt auch abends alles ums Dolce Vita: Nach einem geselligen Essen zieht man – meist in Gruppen – weiter in eine Bar auf einen Kaffee oder Drink, und dann beginnen sich die Straßen und Plätze rund um die Pubs, Klubs und Diskos zu füllen. Nicht zu vergessen sind auch die angesagten Kinos und Theater, die die Herzen von Kulturfans regelmäßig höherschlagen lassen.

Akab

Hier steppt der Bär! Akab ist die richtige Adresse, um die Nacht zum Tag zu machen. Die **Diskothek im Londoner Stil** zieht sich über zwei Stockwerke hin. Jeden Abend ein anderes Thema, am Donnerstag z. B. ist Black Music angesagt, und am Wochenende gibt's Charts und Elektro auf die Ohren. Ab und zu auch Livekonzerte.

Via di Monte Testaccio 69 • Metro: Piramide • +39 06/57 25 05 85 • www.akabclub.com • Di–Sa 21–2 Uhr • Eintritt 10 €

BeBop Jazz Club

Nett eingerichtetes **Jazzlokal** mit freundlichen Kellnern und exzellenter Jazzmusik. Von außen macht die Bar nicht besonders viel her, aber nach ein paar Stufen steht man in einem coolen, elegant eingerichteten Mauergewölbe. Wer will, kann hier auch (teuer) essen, die Konzerte starten erst gegen 22 oder 22.30 Uhr.

Via Giuseppe Giulietti 14 • Metro: Piramide • +39/34 57 17 98 71 • www.bebopjazzclub.net • Di–Sa 21–2 Uhr • Einmalig 15 € für die Mitgliedskarte

Caffè Latino

In dieser **Diskothek** in den Grotten des Testaccio ist immer was los. Ein besonderes Highlight sind die Livebands, die hier regelmäßig auftreten, und auch

Rom im Salsa-Fieber

Italiener waren schon immer Salsa-Fans, und so mancher Römer hat irgendwann mal einen Kurs besucht, denn der lateinamerikanische Tanz hat die Ewige Stadt schon vor Jahrzehnten erobert. Der Lehrer wird von seinen Schützlingen oft wie ein Guru verehrt, denn nach einer anstrengenden Tanzstunde schleppt er sie in der Regel gleich weiter in die einschlägigen Klubs der Stadt, z. B. ins »Zanussi« (www.dancingzanussi.it). Auf der schicken Tanzfläche wird es oft eng, und auch die vielen Sofas am Rande sind schnell besetzt. Trotzdem herrscht in dem Salsa-Lokal immer eine super Stimmung!

Die Königin unter den römischen Salsa-Klubs ist das riesige, leider etwas außerhalb gelegene »Palacavicchi«, Lieblingsspielplatz der lokalen *Salseri* und schon seit Jahrzehnten mit seinen Veranstaltungen ein angesagter Treffpunkt der Szene. Hier kommt man aus dem Staunen oft nicht mehr heraus, denn was die erfahrenen *Ballerini* zu unterschiedlichsten lateinamerikanischen Klängen zum Besten geben, grenzt zum Teil schon an Akrobatik. Zum Klub gehören drei Tanzflächen und eine Dachterrasse, wo ein paar heißblütige Machos hin und wieder etwas überambitioniert flirten (www.palacavicchi.com).

Ebenfalls etwas außerhalb der Stadt liegt das bekannte, etwas elegantere »Barrio Latino«. Hier lohnt es sich, im Restaurant eine (gute!) Pizza zu essen, denn so spart man sich den Eintritt. Ab 23 Uhr werden die Kalorien dann wieder abgetanzt (www.ilbarriolatino.it). Das »Caruso« (S. 138) in Testaccio mutiert nach Anbruch der Dunkelheit zu einem Salsa-Klub wie in Kuba. Hier wird getanzt bis zum Morgengrauen!

Im Norden Roms befindet sich das eher familiäre »Arcadia« (S. 72). Hier kennt jeder jeden, zu heißen Rhythmen schwingen Jung und Alt munter die Hüften und man findet immer einen Tanzpartner.

Italo-Stars wie der bekannte neapolitanische Sänger Pino Daniele haben sich im Caffè Latino schon die Ehre gegeben. Es gibt drei Säle, einen großen mit Bühne und zwei weitere kleine.

Via di Monte Testaccio 96 • Metro: Piramide • +39 06/578 24 11 • www.caffelatinodiroma.com • Di–Sa 23–5 Uhr • Eintritt 15 €

* Caffè Letterario

Der Service und das Essen lassen für italienische Verhältnisse oft zu wünschen übrig, trotzdem ist das cool eingerichtete Lokal etwas ganz Besonderes! Die zu einer modernen **Open-Space-Bar** umgebaute ehemalige Garage ist heute ein angesagter Kulturtreffpunkt im Süden Roms, inklusive Bibliothek, Ausstellungen und Konzerten.

Via Ostiense 83 • Metro: Piramide • +39 06/57 30 42 28 • www.caffeletterarioroma.it • Tgl. 9–2 Uhr

Don't miss

Eine durchzechte oder durchtanzte Nacht wie in Rom üblich mit einem *Cornetto*, also einem Croissant, oder etwas anderem Süßen beschließen: Egal, ob um drei oder um sechs Uhr morgens, man steht vor den Bars auf der Straße und redet, redet, redet.

* Caruso Café de Oriente

In diesem temperamentvollen **Salsa-Klub** tanzen sowohl Profis als auch Anfänger die Nacht durch. Oft finden Liveauftritte kubanischer und lateinamerikanischer Musiker statt – und anschließend legen DJs auf. Die Stimmung ist wirklich hot!

Via di Monte Testaccio 36 • Metro: Piramide • +39 06/574 50 19 • www.carusocafe.com • Di–So 23–4, Sa 23–4.30 Uhr • Eintritt 10 €

* Casa del Jazz

Es hält sich hartnäckig das Gerücht, dass hier früher mal ein Mafiaboss residierte. Die konfiszierte Villa samt Garten hat die Stadt Rom zu einem wunderbaren **Jazz-House** umgebaut, wo im Sommer oft Open-Air-Konzerte stattfinden, von denen einige auch gratis sind. Man sitzt entweder direkt vor der Bühne oder – falls dort noch Platz ist – seitlich an der Bar.

Viale di Porta Ardeatina 55 • Metro: Piramide • +39 06/70 47 31 • www.casajazz.it • Mo–Sa 10–13, 14–18 Uhr • Konzerteintritt ab 10 €

* Certe Notti a Testaccio

Certe notti heißt ein Lied des bekannten italienischen Sängers Ligabue und bedeutet »gewisse Nächte«. Bis 2 Uhr

morgens werden am Wochenende in dieser **Bäckerei** köstliche süße Teilchen frisch aus dem Ofen verkauft. Dazu kann man einfach nicht Nein sagen, besonders nach einer langen, lustigen Partynacht.

Via Luigi Vanvitelli 37 • Metro: Piramide • +39/33 51 34 91 57 • Fr, Sa 9–2 Uhr

✳ Città dell'Altra Economia

Auf dem ehemaligen Schlachthofgelände ist inzwischen eine sogenannte »Öko-Stadt« entstanden, mit Bio-Bar und einem Markt, dessen Produkte allesamt von zertifizierten Bioerzeugern stammen. Neben Infoabenden werden **Feste und Initiativen** organisiert (Programm siehe Website). Die Öffnungszeiten variieren je nach Veranstaltung.

Largo Dino Frisullo und Lungotevere Testaccio • Metro: Piramide • www.cittadellaltraeconomia.org • Tgl. 10–21 Uhr

✳ Coyote

Tanzen bis zum Gehtnichtmehr! In dem **zweistöckigen Klub** ohne Türsteher trifft sich meist ein sehr junges Publikum. Kleine Raucherterrasse und guter Musik-Mix von lateinamerikanischen Rhythmen über Charts bis hin zu House ab Mitternacht.

Via di Monte Testaccio 48b • Metro: Piramide • +39/34 0244 58 74 • www.coyotebar.it • Mo–Sa 10–13, 14–18 Uhr • Eintritt 10 €

✳ Goa

In dem beliebten **Elektro-Klub** unweit der Via Ostiense werden von Donnerstag bis Samstag Hip-Hop, Jungle und Techno aufgelegt. Entsprechend cooler »Industrial Style«, hippes Publikum und lässige Stimmung.

Via Giuseppe Libetta 13 • Metro: Piramide • +39 06/574 82 77 • www.goaclub.com • Do–Sa 23.30–5 Uhr • Eintritt 10 €

✳ Ketumbar

Ausgehen mit Stil! Die geschmackvoll eingerichtete **Restaurant-Bar** liegt direkt am »Scherbenberg« Monte dei Cocci, dessen Scherben man durch die Glaswände des Lokals bestaunen kann. Ob Brunch, Aperitif (ab ca. 19 Uhr mit Bio-Büfett) oder Livemusik, das Angebot ist vielseitig. Und im Sommer kühlt der Scherbenhügel wie eine natürliche Klimaanlage.

Via Galvani 24 • Metro: Piramide • +39 06/57 30 53 38 • www.ketum

bar.it • Tgl. 11–3 Uhr • Aperitif und Büfett am Donnerstag 10 €

✳ Porto Fluviale

Die Karte der großen, teils **im Vintage-Stil eingerichteten Bar** bietet neben Pizza auch Burger und Pasta, aber nicht alles hier ist gut und schon gar nicht billig. Besser, man genießt das nette Ambiente und einladende Interieur bei einem Kaffee oder Bier nach dem Essen.

Via del Porto Fluviale 22 • Metro: Piramide • +39 06/65 74 31 99 • www.portofluviale.com • Tgl. 10.30–2 Uhr • Gerichte ab 8 €

✳ Radio Londra

Origineller Klub für Fans von House und Co.! Die grelle **Diskothek** ist ein absoluter Szenetreffpunkt und wurde nach dem Radiosender der Alliierten im Zweiten Weltkrieg benannt. Man tanzt in einem improvisierten Luftschutzkeller zwischen Sandsäcken, das Barpersonal trägt natürlich Schutzhelm.

Via di Monte Testaccio 67 • Metro: Piramide • +39 06/65 75 00 44 • www.radiolondradiscobar.com • Tgl. 10.30–2 Uhr • Eintritt inkl. Getränk 10 €

✳ Sinister Noise

Von außen eher unscheinbar, von innen cool im Vintage-Stil eingerichtet – eine Seltenheit in Rom. Riesige Bier- und Cocktailauswahl, und das nach dem Motto »Je mehr man bestellt, desto weniger zahlt man«, obwohl die Preise in der **Bar** ohnehin schon sehr günstig sind. Nettes Personal.

Via dei Magazzini Generali 4b • Metro: Piramide • +39 06/65 75 00 44 • www.sinisternoise.com • Tgl. 7–4 Uhr • Cocktail 4 €

✳ Tram Depot

Ein echter Geheimtipp! Auf dem Gelände eines ehemaligen Straßenbahndepots entstand zwischen kunterbunt kombinierten alten Möbelstücken eine **stilvolle Freiluftbar**. Auf der Straße stehen ein paar Tische, und es gibt einen schönen Garten. Das kulinarische Angebot reicht von ausgezeichneten *Aperitivi* bis hin zu leckerem Fingerfood.

Via Marmorata 13 • Metro: Circo Massimo, Tram 8, Bus 23 • +39 06/575 44 06 • Tgl. 7.30–2 Uhr

Das »Ketumbar« war Vorreiter der »Bio-Happy-Hour« in Rom: Hier bekommt man Snacks in Bio-Qualität zum Aperitif.

Übernachten

Der Süden Roms ist bei Touristen traditionell sehr beliebt, denn sowohl das Zentrum als auch die Küste sind von hier aus gut zu erreichen. Die Via Appia Antica gilt als eine der Hauptattraktionen der Stadt, und das moderne Viertel Eur lädt am Wochenende zu Spaziergängen um den künstlichen See Laghetto ein. Besonders für Besucher, die mit dem Auto anreisen, gibt es im Süden Unterkünfte in jeder Preisklasse. Wer sich ins Nachtleben stürzen will, mietet sich am besten direkt im Viertel Testaccio ein. Vor allem B&Bs sind hier mittlerweile sehr gefragt und bieten meist guten Service zu fairen Preisen. Ein kleiner Ausflug ans Meer ist kein Thema, denn vom Süden der Stadt aus ist man mit der Metro in ca. einer halben Stunde am Lido von Ostia.

Abitart Hotel

Das modern eingerichtete **Drei-Sterne-Hotel** liegt relativ zentral an der lang gezogenen Via Ostiense und nur etwa 20 Minuten vom Kolosseum entfernt. Wer fit genug ist, kann von hier aus fast alle Sehenswürdigkeiten zu Fuß ablaufen. Die Zimmer sind sauber, und freundliche Angestellte servieren morgens ein ausgiebiges Frühstück samt Rührei und Schinken.

Via Pellegrino Matteucci 10–20 · Metro: Piramide · +39 06/454 31 91 · www.abitarthotel.com · DZ ab 140 €

Aventino

Das bezaubernde **Hotel** befindet sich in einer sehr ruhigen, angenehmen Gegend in der Nähe des Circus Maximus im Stadtviertel Ripa. Die Zimmer sind klein, aber sauber und charmant eingerichtet, inkl. Kühlschrank und Minibar. Einen hübschen Garten gibt es auch, und zum Frühstück wird frisches Obst serviert.

Via di San Domenico 10 · Metro: Circo Massimo, Tram 8 · +39 06/57 00 57 · www.aventinohotels.com · DZ ab 60 €

B&B A Casa di Barbara

B&B unweit der Trendviertel Aventino und Testaccio. Barbara und ihre Mutter sind äußerst zuvorkommende Gastgeberinnen und neben **sauberen Zim-**

mern gibt es eine Gemeinschaftsküche und gratis WLAN. Gleich in der Nähe befindet sich das Deli-Kaufhaus »Eataly«.

Via del Gazometro 35 · Metro: Piramide · +39/34 79 00 07 97 · www.bebbarbara.com · DZ ab 80 €

B&B Domus Appia 154

In dem B&B an der Via Appia Nuova fühlt man sich sofort wohl. Die sauberen, geräumigen und **gut eingerichteten Zimmer** verfügen über orthopädische Matratzen und die Fenster sind schallisoliert. Hilfsbereiter Besitzer.

Via Appia Nuova 154 · Metro: Re di Roma · +39 06/89 53 31 21 · www.domusappia154.com · DZ ab 60 €

Bellaventura B&B

Hübsches B&B in **ruhiger Lage** mit sehr freundlichen und hilfsbereiten Besitzern. Geräumige, saubere Zimmer. Zu Fuß etwa 45 Minuten bis ins Zentrum oder 700 Meter zur Metro.

Piazzale dei Partigiani 7 · Metro: Piramide · +39 06/32 97 89 63 46 · www.bellaventurabeb.it · DZ ab 61 €

Da Bernardo

Das **attraktive B&B** liegt in der Nähe sämtlicher Hauptsehenswürdigkeiten. Sehr sauber und gemütlich, super Preis-Leistungs-Verhältnis. Gastgeber Bernardo sorgt dafür, dass nichts fehlt, und gibt gern Auskunft zu seiner Stadt.

Via Veio 52 · Metro: S. Giovanni · +39/33 94 09 38 95 · www.dabernardoal52.it · DZ ab 64 €

Hotel San Anselmo

Das idyllisch gelegene **Vier-Sterne-Hotel** ist eine Oase inmitten der hektischen Großstadt. Alle Zimmer sind geschmackvoll nach einem bestimmten Thema eingerichtet, so ist z. B. im »Library Room« eine Bücherwand aufgemalt.

Piazza San Anselmo 2 · Metro: Circo Massimo · +39 06/57 00 57 · www.aventinohotels.com · DZ ab 104 €

Vecchia Roma Resort

Obwohl das **B&B** nur etwa zehn Minuten zu Fuß vom Kolosseum und fünf Minuten von der Metro-Station Circo Massimo entfernt liegt, kommt man sich hier, in einer ruhigen Seitenstraße, vor wie in einer anderen Welt. Der herzliche Besitzer kümmert sich aufmerksam um seine Gäste und steht immer mit Rat und Tat zur Seite.

Via della Fonte di Fauno 4 · Metro: Circo Massimo · +39 06/57 30 20 95 · www.vecchiaromaresort.it · DZ ab 68 €

Der Osten

Pigneto und San Lorenzo –
Kunst und Kult, Denker,
Künstler und Studenten

Drei Begriffe beschreiben den Osten Roms: Kunst, Studenten und Multikulti! Hier trifft sich die alternative, trendige Society der Stadt. Im Vergleich zum Zentrum wirkt diese Ecke Roms für Touristen auf den ersten Blick wenig attraktiv, schaut man aber genau hin, stellt man fest, dass auch der Osten viel Spannendes zu bieten hat.

Unweit des Hauptbahnhofs liegt das Viertel San Lorenzo mit seiner Universität und einer lebendigen Studentenszene. Aber auch viele Künstler und eine kunst- und kulturbegeisterte Oberschicht zählen zu den Bewohnern. Während es tagsüber in den typischen Gassen eher ruhig zugeht, mutiert der Stadtteil am Abend zu einem lebhaften Ausgehviertel. Im Sommer treffen sich hier Jung und Alt rund um die alte Stadtmauer und auf der zentralen Piazza dell'Immacolata.

Mit der Via Prenestina und der Via Casilina führen zwei gigantische, ellenlange Hauptstraßen vom römischen Zentrum weg in Richtung Osten, die, anders als die noblen Boulevards im Norden Roms, nicht besonders elegant daherkommen. Dazwischen liegt das traditionelle Arbeiterviertel Pigneto mit seinen Mietskasernen, Gartenlauben und bescheidenen Häuschen aus den 1950er-Jahren. Die einen schreckt der hohe Ausländeranteil in dieser Gegend ab, für die anderen bedeutet er lebendiges Multikulti pur, denn in dem einstigen Eisenbahnerviertel hat sich eine hippe, intellektuelle Szene entwickelt. Afrikaner, Asiaten und Südamerikaner leben hier Tür an Tür mit Studenten, die kleine Lokale betreiben oder sich in gemeinnützigen Vereinen engagieren. Aber auch (Lebens-)Künstler und Musiker haben sich in Pigneto niedergelassen, denn die Mieten im Zentrum sind längst unbezahlbar geworden. Rings um die Hauptverkehrsader Via del Pigneto reihen sich viele kleine Läden, Literaturkneipen und Weinstuben aneinander, die vor allem abends zum prallen Leben erwachen.

Kultur
Shopping
Restaurant
Wellness
Ausgehen
Übernachten
N
0
100 m
Castro Pretorio
Terme di Diocleziano
Pza. d. Repubblica
Repubblica
Gainn
V. Monzambano
Viale dell' Università
Via Solferino
Via Vicenza
Via Magenta
Via Milazzo
Via Marghera
Via Varese
Via Mille
Via Palestro
Via Castro Pretorio
Via Marsala
V. L. Einaudi
V. d. Terme di Diocleziano
Vle. E. De Nicola
Pza. dei Cinquecento
Lgo. Villa Peretti
Termini
Stazione Centrale Roma Termini
Viale Pietro G
Viale Pretoriano
Via dei Fr
V. d. Caudini
V. d. Pelasg
Porta
V. Viminale
Via Torino
Via Rosmini
Via d'Azeglio
Via Amendola
Via Cavour
Via Daniele Manin
Via Principe
Via Gioberti
Via Giovanni Giolitti
Via Farini
Via Urbana
Via Esquilino
Via C. Cattaneo
Via Filippo Turati
Via Rattazzi
Via Amedeo
Termini Laziali
Via Porta S. Lorenzo
Basilica di Santa Maria Maggiore
Via S. M. Maggiore
Panisperna
Via Capocci
Via Urbana
V. Clementina
Via Paolina
Via Quattro Cantoni
Via Sforza
V. d. Olmata
Via San Prassede
V. Carlo Alberto
Via Napoleone III
Via A. Cappellini
V. Mamiani
Via Giovanni Giolitti
Santa Bibiana
Morganti Café
Via S. Vito
Basilica di Santa Prassede
Cavour
Via Giovanni Lanza
Via in Selci
Via Cavour
Piazza Vittorio Emanuele II
Vittorio Emanuele
Via Principe
V. Ricasoli
Nuovo Mercato Esquilino
Via Lamarmora
V. d. Statuto
Panificio Roscioli
Via Merulana
V. Leopardi
V. Buonarroti
Via Principe Umberto
Via Cairoli
V. Pr. Eugenio
Bixio
Via Conte Verde
Nino
Palazzo del Freddo
Basilica San Pietro in Vicoli
Via d. Sette Sale
Viale del Monte Oppio
V. d. Terme di Traiano
Os Club
Cisterna delle Sette Sale
Parco di Traiano
Mecenate
Da Michele
Via Ferruccio
V. Foscolo
Krishna 13
V. della Polveriera
Eudossiana
V. Monte Oppio
Via Terme di Tito
Domus Aurea
Esquilino
Terme di Traiano
Vle. F. Mizzi
Via Nicola Salvi
Via C. Botta
Via Poliziano
Via G. Pascoli
Via A.
V. Machiavelli
Giusti
Piazza Dante
V. Petrarca
Hotel Amalfi
Via Alfieri
Via Ariosto
Via Galilei
V. Emanuele
Viale A. Manzoni
V. C. II
Via Luigi
Via S. Croce
Emanuele
Via Domus Aurea
Via Guicciardini
S. Anna
Via Ruggero Bonghi
Colosseo
Piazza del Colosseo
Via Labicana
Via G. M. Crescimbeni
Via L. Muratori
Via P. Villari
V. Tasso
Manzoni
V. Vitt. Amedeo
Via S. Quintino
Halo
La Finestra sul Colosseo
San Clemente
V. Celio Vibenna
Via Ostilia
Via dei Ss. Quattro
Via Capo d'Africa
Via S. Giovanni in Laterano
Via Celimontana
Ss. Marcellino e Pietro
Via Merulana
Viale A. Manzoni
V. Matteo Boiardo
Museo d. Lotta di Liberazione
Via Filiberto
V. Aimone
V. Pr.
Via Amedeo VIII
Parco
Tempio del Divo Claudio
Via Marco Aurelio
Via Annia
Hotel Lancelot
Via dei Ss. Quattro
Ospedale S. Giovanni
V. Aleardi
V. Berni
V. D. Fontana
Laterani Suite
Mr. Rome
Via Umbert
Viale
Ninfeo di Nerone
Via Claudia
Pza. Celimontana
Ospedale Militare del Celio
Via di S. Stefano Rotondo
Ospedale S. Giovanni
Piazza S. Giovanni in Laterano
Scala Santa
Palazzo Lateranense
Via S. Paolo d. Croce
Sanatorio Umberto I
Via Amba Aradam
Ospizio d. Addolorata
S. Maria in Domnica
Font. d. Navicella
S. Stefano Rotondo
Via della Navicella
Via dei Laterani
Pontificio Ateneo Lateranense
San Giovanni in Laterano
San Giovanni
AntiCafé
Antiquario del Celio
Monte Celio
Villa Celimontana
Ospedale Britannico
Via di S. Erasmo
V. d. Valeri
Via di Villa Fonseca
Via Drusiana
V. Locri
V. Sannio
V. Fidena
V. Cortinio
Via Grecia
Via Ve
V. Atella
Via Amiterno
Veio
Magna
Via di Valle delle Camene
Vle. d. Terme di Caracalla
Largo A. Aradam
Via della Ferratella
Piazzale Ipponio
Pza. di Pta. Metronia
Via Farsalo
Via Marruvio
Via Curna
Via Gabi
Via Claterna
Via Druso
Parco Egerio
Piazzale Metronio
Via Gallia
V. Norico
Via Angiona
Via Illiria
V. Sibari
V. Elea
Via Apulia
Via Metaponto
Via Olbia

Città Universitaria
Lanificio
Momart
Basilica di San Lorenzo al Verano
Villa Adriana
Piazzale di S. Lorenzo
Piazzale del Verano
Casa d. Studente
Cimitero Monumentale del Verano
AID dal 1923
MyriamB
Pommidoro
ZeroZero100
Tram Tram
Pifebo
Casa Anita
Murale contro il Femminicidio
Foresteria Roma
Hotel Villa San Lorenzo Maria
Gente di San Lorenzo
Locanda Atlantide
Qube
Circonvallazione
Tiburtina
Gaia's Room
Piazza di Porta Maggiore
Staz. Porta Maggiore
Via Prenestina
Piazzale Prenestino
Chez Mary
Museo Nazionale degli Strumenti Musicali
S. Croce in Gerusalemme
Anfiteatro Castrense
Tuba Bazar
Piazza del Pigneto
Stazione Ponte Casilina
Opulentia
Necci dal 1924
Prenestino
Santa Elena
Circolo degli Artisti
Stazione S. Elena
Templum Salutis
Tuttidamari
I Pini di Roma
Piazza di Villa Fiorelli
Piazza Casalmaggiore
Villa Paolo
Piazza dei Re di Roma
Re di Roma
Il Gatto con gli Stivali
salbea
Cinecittà
Piazza Ragusa

Kultur

Rom, so schrieb Goethe 1787, sei »der einzige Ort auf der Welt für den Künstler und ich bin doch einmal nichts anderes«. Der Osten der Stadt hat noch sehr viel an unentdeckten Kunstschätzen und spannenden Kultureinrichtungen zu bieten. So gilt das »Nuovo Cinema Aquila« als eines der angesagtesten Kinos in der internationalen alternativen Filmszene, und schon der berühmte Regisseur Pier Paolo Pasolini ließ sich in der Bar »Necci dal 1924« zu seinem Film *Wer nie sein Brot mit Tränen aß* inspirieren. Für Spaziergänge im Grünen bieten sich u. a. das 2000 Jahre alte Aquädukt der Acqua Claudia oder die traumhaften Parks der Villa Adriana etwas außerhalb in Tivoli an.

✳ Aqua Claudia

Seit mehr als 2000 Jahren transportieren die antiken Wasserleitungen qualitativ hochwertiges Trinkwasser aus den umliegenden Bergen nach Rom. Dieses **Aquädukt** liegt direkt an der verkehrsreichen Porta Maggiore. Zwischen den antiken Bögen hat sich unter anderem eine Gipswerkstatt für römische Büsten und Nippes niedergelassen.

Via Severino Grattoni • Metro: Manzoni, Tram 5, 14, 19

✳ Basilica di San Lorenzo al Verano

Alte **Kirche** gleich am Verano-Friedhof. Bedeutende Cosmaten-Arbeiten und das älteste Ziborium Roms (1148) so-

wie der mosaikgeschmückte Triumphbogen aus dem 6. Jahrhundert gehören zu den Highlights der Basilika. Über die Sakristei erreicht man den Kreuzgang.

Piazzale San Lorenzo • Metro: Policlinico, Bus 71 • +39 06/446 61 84 • www.basilicasanlorenzo.it • Tgl. 7.30–12.30, 16–19 Uhr

✳ Basilica San Pietro in Vincoli

Ob die *Vincoli* (»Ketten«), die hier aufbewahrt werden, echt sind, ist noch die Frage. Man muss ein paar Stufen hoch, doch die Moses-Statue von Michel-

Rom für den kleinen Geldbeutel

Rom eignet sich bestens auch für Reisende mit einem geringen Urlaubsbudget. In kaum einer anderen Stadt kann man so viele bedeutende Bauwerke auch von außen besichtigen und prächtige Kirchen umsonst besuchen. Der Eintritt in das Pantheon (S. 23) ist ohnehin gratis, und jeden ersten Sonntag im Monat öffnen die Städtischen Museen bis 13 Uhr kostenlos ihre Pforten (www.beniculturali.it), und der wunderschöne Parco della Caffarella bietet Gratisführungen an (www.caffarella.it). Die Vatikanischen Museen (S. 89) verlangen am letzten Sonntag im Monat keinen Eintritt. Die Besucherschlangen sind dann jedoch immer sehr lang, man sollte also früh herkommen.

Im Sommer zeigt die »Casa del Cinema« (S. 54) neuneinhalb Wochen lang mitten im Park der Villa Borghese Filme oder Opernaufführungen auf der Leinwand im Freien. Wer keinen Stuhl mehr ergattern konnte, setzt sich einfach auf den Rasen oder in das angrenzende Café. Auch das restliche Jahr über laufen hier oft kostenlos internationale Filme. In der »Casa del Jazz« (S. 138) finden regelmäßig Gratis-Konzerte und -Musikunterricht statt, und die Casa di Goethe (S. 18) lädt bei Ausstellungseröffnungen die Besucher zu einem Glas Wein ein.

Beim Shopping kann man auf den Straßenmärkten der Stadt echte Schnäppchen machen und mit ein bisschen Ausdauer schicke Trendteile entdecken, die nicht unbedingt von schlechterer Qualität sein müssen als die Mode in vielen Geschäften. Kulinarisch sollte man sich unbedingt an die oft hervorragenden Happy-Hour-Büfetts halten, die in vielen Bars und Lokalen gratis zu einem Drink angeboten werden und locker ein komplettes Abendessen ersetzen. Zu guter Letzt lädt jeden Montagabend die Piazza Augusto Imperatore zum kostenlosen Tanzvergnügen (Tango!) ein.

angelo ist den Aufstieg wert. Zudem beherbergt die beeindruckende **Kirche** eine Sammlung von Kunstwerken aus Romanik, Gotik und Renaissance und spendet an heißen Sommertagen angenehme Kühle.

Piazza di San Pietro in Vincoli 4a • Metro: Cavour • +39 06/488 28 65 • Tgl. 8–12.30, 15.30–19 Uhr (Sommer), 8–12.30, 15–18 Uhr (Winter)

Basilica di Santa Maria Maggiore

Unter den etwa 80 **Marienkirchen** Roms ist diese prachtvoll geschmückte Basilika aus den Jahren 432 bis 440 unweit des Hauptbahnhofs besonders sehenswert. Ihr Innenraum beeindruckt mit einem feinen Cosmatenboden und einer imposanten vergoldeten Kassettendecke; der Glockenturm ist 75 Meter hoch! In der Nähe liegt das schöne Museum Palazzo Massimo alle Terme.

Piazza di Santa Maria Maggiore 42 • Metro: Cavour • +39 06/69 88 68 00 • www.vatican.va • Tgl. 7–19, Kreuzgang 9–17.45 Uhr • 5 €

Basilica di Santa Prassede

Der Legende nach wohnte der Apostel Petrus während seines Romaufenthaltes bei Senator Pudens und taufte dessen Töchter Pudenzia und Praxedis, denen in Rom jeweils eine **Kirche** gewidmet ist. Diese versteckte Perle aus dem Jahr 384 gilt als das bedeutendste Beispiel byzantinischer Kunst in Rom; besonders sehenswert ist die kleine Cappella San Zenono mit ihren vergoldeten Mosaiken.

Via di Santa Prassede 9 • Bus 70,71 • +39 06/488 24 56 • www.060608.it • Tgl. 7–12, 16–18.30 Uhr

Cimitero Monumentale del Verano

Auf diesem herrlichen, riesigen **Friedhof** ruhen die Reichen, Berühmten und Schönen. Hier hat man sich schnell verlaufen, und um die zum Teil imposanten Grabstätten von Persönlichkeiten wie Garibaldi, Trilussa und Marcello Mastroianni in Gänze zu besichtigen, sollte man schon einen halben Tag einplanen. Einmalig!

Don't miss

Nach Besichtigung der zauberhaften Parks der Villen Adriana, d'Este und in Tivoli einen Abstecher in die pittoreske Altstadt machen.

Am Abend kommt die imposante Basilica di Santa Maria Maggiore fast wie ein Schloss daher. Märchenhaft!

↑ *In der Cinecittà treffen sich Hollywoods Elite und alle, die das gerne wären. Aber auch als Normalsterbliche kann man sich die Studios ansehen.*

Piazzale del Verano 1 • Metro: Policlinico, Bus 71, 93 • +39 06/49 23 61 • www.cimitericapitolini.it • April–Sept. tgl. 7.30–19, Okt.–März tgl. 7.30–18 Uhr

✳ Cinecittà

Wer von Museen und Monumenten irgendwann genug hat, dem bietet die Filmstadt Rom auch etwas leichtere Kost. Auf 400 000 Quadratmetern dienten die von Mussolini gegründeten **Filmstudios** als Kulisse für diverse Leinwand- und TV-Hits der vergangenen Jahrzehnte, von Martin Scorseses *Gangs of New York* und Mel Gibsons *Die Passion Christi* bis hin zum italienischen Big-Brother-Haus.

Via Tuscolana 1055 • Metro: Cinecittà • +39 06/72 29 32 93 • www.cinecittastudios.it

✳ Murale contro il Femminicidio

Hier wird Femizidopfern gedacht. Der anonyme Künstler und Aktivist hat auf der langen **Klagemauer** um eine Schule in San Lorenzo immer wieder die gleiche Frau in Weiß gemalt, die als einziges Erkennungszeichen eine schwarze Plakette auf der Brust trägt, auf der Vorname und Todestag zu lesen sind. Traurig und beeindruckend zugleich!

Via dei Sardi • Metro: Policlinico, Bus 71, 93

✳ Museo Nazionale degli Strumenti Musicali

Das **Nationalmuseum** zeigt eine Sammlung von 800 Musikinstrumenten aus aller Welt. Zu besichtigen sind u. a. das Klavier von Bartolomeo Cristofori (1655–1732), der als Erfinder des Instruments gilt, und das älteste deutsche Clavicembalo, gebaut 1537 von Hans Müller aus Leipzig.

Piazza Santa Croce in Gerusalemme 9a • Tram 3 • +39 06/7 01 47 96 • www.museostrumentimusicali.it • Di–So 8.30–19.30 Uhr • 4 €

✳ San Clemente

Beeindruckend: Auf den Grundmauern eines römischen Wohnhauses mit einem Mithräum (Mitras-Tempel) aus dem 4. Jahrhundert wurde schon 385 eine **Kirche** errichtet, auf der wiederum nach der Zerstörung durch die Normannen der heutige Bau (mit schönem Cosmatenboden) entstand! Der Abstieg in die alten Gewölbe ist ein Erlebnis; man hat das Gefühl, in einer urchristlichen Kirche zu sein.

Via Labicana 95 • Metro: S. Giovanni • +39 06/774 00 21 • Mo–Sa 9–12.30, 15–18, So und Feiertage 12–18 Uhr • 5 €

✳ Villa Adriana

Ein lohnenswerter Ausflug in die Geschichte außerhalb von Rom. Üppige **Gärten** mit Grotten, Wasserbecken und einer Wasserorgel. Die Fahrt mit dem Cotralbus ab Metro Ponte Mamolo bis zur Hadrianvilla kostet ca. 2 €. Gleich nebenan befinden sich die ebenso schöne Villa d'Este und die bezaubernde Villa Gregoriana mit ihren Wasserfällen. Tivoli hat zudem eine sehenswerte Altstadt zu bieten.

Via di Villa Adriana 204 (in Tivoli) • Metro: Ponte Mamolo • +39 744/53 02 03 • www.tibursuperbum.it • Tgl. 9 Uhr bis Sonnenuntergang • Eintritt 6,50 €

Die Villa Adriana, Sommersitz und Altersresidenz Kaiser Hadrians, gehört zum Weltkulturerbe der Unesco. →

Shopping

Vintage-Fans kommen in den Stadtteilen Pigneto und San Lorenzo mit ihren vielen Secondhand-Shops voll auf ihre Kosten. In der Via Napoleone III in der Nähe des Hauptbahnhofs Termini hingegen bekommt man sehr günstige Kleidung, Schmuck und Accessoires – die Schuhe und Taschen sind zwar meist nicht aus Leder, doch man kann den Unterschied mit bloßem Auge kaum erkennen. Auch in der lang gezogenen Via Tuscolana findet man einige attraktive Läden, und gleich neben den berühmten Fernsehstudios der Cinecittà gibt es ein großes Einkaufszentrum.

Il Gatto con gli Stivali

Aus Überzeugung verzichtet der »Gestiefelte Kater«, so der Name des **Schuhgeschäfts**, bei der Herstellung auf tierische Produkte und verwendet statt Leder andere feine Materialien. Das Angebot umfasst neben Schuhen auch attraktive Ökotaschen und -gürtel, zudem kann man online bestellen. Im selben Gebäude befindet sich übrigens der städtische Tierschutzverein.

Via Tommaso Inghirami 82 · Metro: Colle Albani · +39 06/487 08 13 · www.gattoconglistivali.it · Mo–Fr 9–19, Sa 10–19 Uhr

Don't miss

Den Verein »Deutsche in Rom«, der regelmäßig Mädelsabende veranstaltet und Nicht-Ortskundigen mit Rat und Tat zur Seite steht – vor allem, wenn man länger in der Stadt ist (www.deutsche-in-rom.com).

MyriamB

In Myriam Bottazzis leuchtend weißem Atelier entstehen wahre Kunstwerke, z. B. eine Kette, bei der auf einen schlichten Juwelierdraht Hunderte von roten Pailletten aufgezogen und zu matt schimmernden »Korallenfingern« verarbeitet werden. Die Designerin selbst nennt ihre **Schmuckstücke** aus Gummi, alter Spitze oder Metall »Körperornamente«.

Via degli Ausoni 7 • Bus 71, 140, 223 • +39 06/44 36 13 05 • www.myriamb.it • Mo–Sa 11–13.30, 16–20, Sa 9.30–20 Uhr

✳ Nuovo Mercato Esquillino

Wer sich mal so richtig in die Multikulti-Szene Roms stürzen will, sollte sich unbedingt diesen **Lebensmittelmarkt** unweit des Hauptbahnhofs anschauen. Inder, Südamerikaner und Araber bieten in der überdachten Halle Obst und Gemüse, Gewürze und Hülsenfrüchte an. Alles ist superfrisch und die Preise sind fair. In der Nähe gibt es ein paar tolle exotische Lokale!

Via Principe Amedeo • Metro: Termini • www.nuovomercatoesquilino.it • Mo–Sa 5–13 Uhr

✳ Pifebo

Der Name Pifebo setzt sich aus den Initialen der drei Gründer zusammen, die als Studenten aus Geldmangel auf die Idee dieser inzwischen sehr erfolgreichen **Vintage-Boutique** kamen. Wer ein kultiges Jack-Daniels-T-Shirt, Levis-Jeans, Accessoires oder eine Sonnenbrille sucht, wird hier bestimmt fündig. Mittlerweile gibt es auch einen Online-Shop sowie zwei weitere Filialen in Rom.

Via dei Volsci 101b • Metro: Policlinico • +39 06/487 08 13 • www.pifebo.com • Mo–Sa 11–14.30, 16–20 Uhr

Eines der originellen Schmuckstücke, die die Designerin Myriam Bottazzi in ihrem Atelier im Studentenviertel San Lorenzo entwirft. →

Restaurants & Cafés

In Rom kann man in jedem Stadtteil hervorragend essen, und besonders im Osten gibt es sehr gute und günstige Lokale. Rund um die Via Tiburtina und die Via Tuscolana findet man sowohl rustikale Pizzerien als auch eher ausgefallene Restaurants wie z. B. die »Schokoladenfabrik«. Auch die exotische Länderküche ist hier vielfach vertreten. Das lockere Studentenviertel San Lorenzo eignet sich wiederum perfekt für einen gemütlichen Trattoria-Abend mit anschließendem Absacker in einer Bar, während die eher exklusive Piazza Bologna mit ein paar adretten Cafés und eleganten Weinstuben aufwartet. In der Gegend um den Hauptbahnhof Termini – die man nachts nach Möglichkeit meiden sollte – und im Viertel Pigneto kann man ausgezeichnet indisch, chinesisch oder arabisch speisen.

* Carma la Fame

Pizza a taglio, also zum Mitnehmen, ist ein römischer Klassiker, und bei Carma la Fame schmeckt sie mit am köstlichsten. Der kleine **Pizzastand** glänzt mit zum Teil ausgefallenen Zutaten; so gibt es hier Pizza *con pesce spada* (mit Schwertfisch) oder *Calzone con straccetti di manzo* (gefüllte Pizza mit Rinderfiletstreifen) und zum Abschluss *con crema di arancia*, mit Orangencreme!

Via dei Latini 68–70 · Metro: Policlinico · +39 06/44 36 22 42 · Mo–Sa 12–2 Uhr

* Da Michele

Das typisch italienische Restaurant ist bekannt für seine **Meeresfrüchte**, z. B. *Cozze*, also Miesmuscheln, und die von den Römern heiß geliebten *Spaghetti alle Vongole*, Spaghetti mit Venusmuscheln. Die aufmerksame Bedienung hat immer einen flotten Spruch auf Lager und sorgt für gute Stimmung.

Via Merulana 236 · Metro: Vittorio Emanuele · +39 06/487 26 72 · Mo 12–15, Di–Sa 12–15, 19.30–22.30 Uhr

Formula 1

Wie der Name schon verrät, dreht sich in dieser originellen **Pizzeria** alles um die Formel 1. In der rustikal eingerichteten Gaststätte lächelt Michael Schumacher nicht nur von der Wand, sondern auch von den Speisekarten. Die superleckere Pizza ist hauchdünn und die Preise sind unschlagbar. Entsprechend lange Wartezeiten!

Via degli Equi 13 · Metro: Policlinico · +39 06/445 38 66 · Mo–Fr 18–0 Uhr · Gerichte ab 10 €

Panificio Roscioli

Obwohl sie mitten im Touristenzentrum rund um den Hauptbahnhof liegt, wird diese **Bäckerei** eher von Einheimischen frequentiert, ein gutes Zeichen also! Hier wird vor allem Pizza zum Mitnehmen, Brot und Wein verkauft, aber es gibt auch ein paar kleine Tische, an denen man die Leckereien vor Ort probieren kann.

Via Michelangelo Buonarroti 46–48 · Metro: Termini · +39 06/446 71 46 · www.pietroroscioli.it · Mo–Sa 7.30–20 Uhr

Gainn

Wer nach einigen Tagen in Rom Pizza und Pasta satt hat, findet rund um den Hauptbahnhof oder in Pigneto ausreichend Abwechslung, z. B. im Gainn mit seinen frisch zubereiteten **koreanischen Spezialitäten** der mittleren Preisklasse. Hier sollte man ausnahmsweise früh kommen, denn das Lokal schließt schon um halb zehn.

Via dei Mille 18 · Metro: Termini · +39 06/44 36 01 60 · Mo–Sa 12–15, 18–21.30 Uhr

Krishna 13

In dem feinen **indischen Restaurant** vergisst man sofort, dass die Gegend um den Hauptbahnhof an sich wenig Charme ausstrahlt. Das Ambiente ist typisch indisch und sehr elegant, die Bedienung sehr freundlich und die Preise sind fair. Viel indisches Publikum.

Spaghetti Vongole *gehört zu den Lieblingsspeisen der Römer.* »Buon appetito«! →

Via Foscolo 13/Piazza Vittorio • Metro: Termini • +39 06/446 92 04 • www.krishna13ristorante.com • Tgl. 11.30–16, 19–23.30 Uhr

✳ Momart

Eine römische Institution. Ob zum Mittag- oder Abendessen, in dem schön eingerichteten Restaurant nahe der Piazza Bologna lohnt sich die Einkehr. Absolutes Highlight ist der ***Aperitivo*** mitsamt reichhaltigem Büfett. Ab und zu finden auch Veranstaltungen statt. Ein heißer Tipp!

Viale XXI Aprile 19 • Metro: S. Agnese/Annibaliano • +39 06/86 39 16 56 • www.momartcafe.it • Mo–Fr 12–2, Sa 18–2, So 12–2 Uhr • Aperitif mit Büfett 10,50 €

✳ Morganti Cafè

Die **elegant eingerichtete Bar** ist in zwei Bereiche unterteilt, in ein Cafè und ein kleines Restaurant, das kalte und warme Köstlichkeiten anbietet. Besonders zu empfehlen: das Büfett zur Happy Hour. Das Personal hinter der Theke ist sehr aufmerksam. Gut frühstücken kann man hier auch.

Piazza del Viminale 10 · Metro: Repubblica · +39 06/48 91 35 56 · Tgl. 7–18.30 Uhr

✳ Opulentia

Dieses Kleinod liegt im trendigen Ortsteil Pigneto unweit des Kultkinos »Nuovo Cinema Aquila«. Die **Pizzeria** bietet z. B. *Focaccia* mit *Nduja*, einer Art scharfen Salamipaste aus Kalabrien, aber auch die dreistöckigen Sandwiches sind beliebt. Zum Trinken gibt es Bio-Drinks.

Via Ascoli Piceno 44 · Bus 81, Tram 5 · +39/33 97 25 04 18 · www.opulentia.it · Tgl. 12–1 Uhr · Hauptgerichte ab 8 €

✳ Palazzo del Freddo

Die Gegend rings um den Hauptbahnhof ist nicht besonders einladend, und nachts sollte man als Frau hier lieber nicht allein unterwegs sein. Tagsüber kann man es sich aber problemlos in einer der ältesten **Eisdielen** der Stadt, die in einer sehr schönen alten Jugendstilhalle untergebracht ist, bequem machen. Das Eis ist lecker, günstig und natürlich hausgemacht.

Via Principe Eugenio 65 · Metro: Termini · +39 06/446 47 40 · www.palazzodelfreddo.it · Di–Sa 12–0, So 10–0 (Sommer), Di–Do 12–21, Fr, Sa 12–0, So 10–21 Uhr (Winter) · ab 2 €

✳ Pommidoro

Abseits der Touristenströme im Studentenviertel San Lorenzo liegt die urige **Trattoria** Pommidoro. Auf der Speisekarte stehen Köstlichkeiten vom Grill, leckere Vorspeisen und ein hervorragender Hauswein.

Piazza dei Sanniti 46 · Metro: Termini · +39 06/445 26 92 · Tgl. 12.30–15.30, 19–23 Uhr

Das »Palazzo del Freddo« wird von Leonida Fassi in dritter Generation geführt. Der Name ist dem Gebäude geschuldet, das sehr herrschaftlich aussieht. →

↑ *Tiramisu gehört zu den beliebtesten italienischen Nachspeisen. Im »ZeroZero100« gibt es das manchmal sogar zum Happy-Hour-Büfett!*

✳ SAID dal 1923

Die **»Schokoladenfabrik«** ist ein angesagtes Restaurant-Café mit stilvollem Interieur. Im »Wohnzimmer« kann man dem Chocolatier bei seiner Präzisionsarbeit zuschauen und danach im Salon, den man über den kleinen Garten erreicht, originelle Köstlichkeiten wie z. B. marmorierte *Calzoni* mit Ricotta, Schokolade und Auberginen probieren. Mittlere bis gehobene Preisklasse.

Via Tiburtina 135 · Metro: Termini · +39 06/446 92 04 · www.said.it · Tgl. 10–1 Uhr

✳ Tram Tram

Die alteingesessene **Trattoria** der mittleren Preisklasse ist immer voll, und neben traditionellen römischen Klassikern wie *Melanzane alla parmigiana* (Auberginenauflauf mit Mozzarella) tischt die aus Apulien stammende Chefköchin hervorragenden Fisch auf. Die Spaghetti *con le alici* (mit Anchovis) sind ein Gedicht!

Via dei Reti 44–46 · Tram 3, 19 · +39 06/49 04 16 · www.tramtram.it · Di–So 12.30–15.30, 19.30–22 Uhr · Nudelgerichte um die 12 €

✳ ZeroZero100

Ein Muss! Die von außen wenig ansprechende, aber äußerst empfehlenswerte **Bar** ist ein beliebter Studententreffpunkt. Zur Happy Hour zahlt man 10 € fürs Getränk und bekommt ein ausladendes Büfett inklusive frisch gebackener Pizza, Mozzarella und Nachtisch dazu. Manchmal ist der Geräuschpegel etwas hoch, allerdings wird gute Musik gespielt.

Via del Verano 27 · Metro: Policlinico · +39 06/44 70 23 46 · www.00100.biz · Tgl. 12.30–15.30, 19.30–1 Uhr · Happy-Hour-Getränk mit Büfett 10 €

Geht gar nicht

Lieber keine Pizza zum Mitnehmen kaufen, wenn aus dem Laden kein leckerer Ofenduft zieht. Eine Enttäuschung ist sonst vorprogrammiert!

Kühles Design herrscht im Innenraum, doch das »SAID« ist ein Ort, in dem die Seele verwöhnt wird – mit hausgemachter Schokolade!

Wellness

Im Osten Roms kann man auf ganz besondere Art und Weise die Seele baumeln lassen. So makaber es klingt, der Cimitero Verano ist einer der schönsten und faszinierendsten Friedhöfe Roms – und man könnte Stunden damit zubringen, durchs Grüne zu spazieren und die prachtvollen Grabmäler und Monumente zu bestaunen. Der Friedhof ist so groß, dass man sich hier nur allzu leicht verläuft, und wer ein bisschen Italienisch versteht, lässt sich von den Inschriften auf den Grabsteinen vielleicht zum Philosophieren verleiten. Trotzdem findet man auch im Osten sehr ansprechende Wellnesscenter, und die Friseure sind hier durch die Bank ziemlich preiswert!

* Chez Mary

Trendiger **Friseursalon** für Damen und Herren, die sich einen frechen, jungen Look wünschen. Neben Hennapackungen kommt hier auch eine außergewöhnliche Technik zur Pflege besonders beanspruchter Haare zum Einsatz. Nach Anmeldung auch klassische Gesichtsbehandlungen.

Via Santa Croce in Gerusalemme 26a • Bus 105 Grotte Celoni • +39 06/702 83 05 • www.chezmary.eu • Di–Sa 9–19 Uhr • Haarschnitt ab 25 €

Don't miss

Die *Nasoni*, »große Nasen«, wie man in Rom die zahlreichen Trinkwasserbrunnen nennt. Man füllt hier entweder die Wasserflasche auf oder trinkt direkt aus dem Speier. Besonders im Sommer eine herrliche Erfrischung!

* Halo

Das schöne **Spa** liegt nur einen Katzensprung vom Kolosseum entfernt und beherbergt mehrere künstliche Salzgrotten – 45 Minuten Aufenthalt haben angeblich dieselbe Wirkung wie drei Tage am Meer! Außerdem werden verschiedene Gesichtsbehandlungen, z. B. mit innovativer Radiofrequenz, Sauerstoffkuren, Körperbehandlungen und Pediküre angeboten.

Via Labicana 100–100a · Metro: Manzoni · +39 06/70 49 57 42 · www.halosparoma.eu · Tgl. 9–20 Uhr · Scrub ab 39 €

✳ salbea

Künstliche Grotte in einer etwas abseits gelegenen Straße unweit der Via Tuscolana. In einen wunderschönen Wellnessbereich wurden Wände aus Salzstein und ca. 60 Salzfelsen eingelassen; man kann sich mit Massagen oder einem Salz-Scrub verwöhnen lassen und anschließend im »salzigen« Ambiente relaxen.

Via Nocera Umbra 94 · Metro: Furio Camillo Bus 671 · +39 06/78 14 72 50 · www.salbea.it · Di–So 9–20 Uhr · 45 Minuten Grottenaufenthalt ab 20 €

✳ Templum Salutis

Die Gegend macht keinen einladenden Eindruck, doch jenseits der Pforte zu diesem **Spa** fühlt man sich wie in einer anderen Welt! Wer in völlig unprätentiöser Atmosphäre etwas für sich tun möchte, ist in diesem »Gesundheitstempel« genau richtig. Die vielseitigen Anwendungen wie Hamam-Bäder, Seifen- oder Sisalmassagen sind super angenehm, und zwischendurch wird Tee mit frischen Früchten gereicht.

Via Ciro da Urbino 21 · Bus 409 · +39 06/24 40 71 53 · www.templumsalutis.net · Tgl. 9–20 Uhr · Saunagang im Hamam-Bad ab 70 €

Ausgehen

Nirgends gibt es so viele gemütliche kleine Kneipen und gute Bars wie in Rom. Die im Osten der Stadt gelegenen Viertel San Lorenzo und Pigneto sind dank ihrer internationalen Anwohnerschaft sehr facettenreich und lebendig – ein echtes Kontrastprogramm zum schicken Norden mit dem noblen Stadtteil Prati. Im Osten wirkt das Leben lässiger und unkomplizierter. Die Lokale sind nicht komplett durchgestylt und aalglatte Party-People sieht man hier selten. Zudem sind die Preise wesentlich niedriger als in anderen Teilen der Stadt. An jeder Ecke stößt man auf nette Cafés oder Pubs, in denen lockere Stimmung herrscht, und in den Klubs sucht man im Gegensatz zu anderen Vierteln den Türsteher meist vergeblich.

* AntiCafè

Ein neues Konzept! Das freundliche **Cafè** ist eine Mischung aus Wohnzimmer und Küche. Man zahlt für die erste Stunde 4 € und kann so viel essen und trinken, wie man will. Die zweite Stunde kostet dann nur noch 3 €. Ein paar Sachen muss man extra bezahlen, wie etwa frisch gepressten Orangensaft für 1 €.

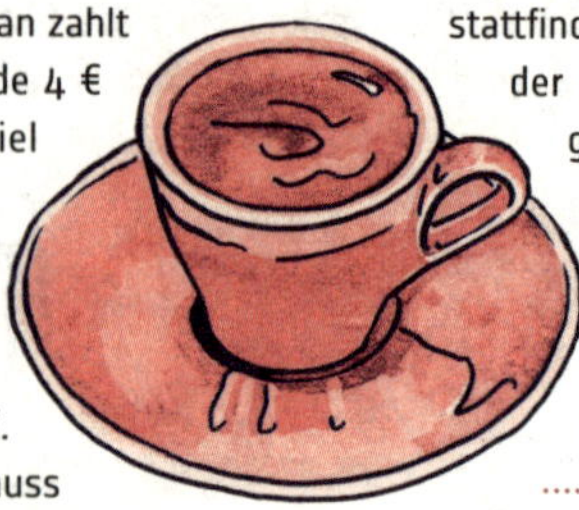

Via Veio 4b · Metro: S. Giovanni · +39 06/70 49 44 42 · www.anticafe.eu · Mo–Fr 9–23, Sa, So 10–23 Uhr · ab 4 €

* Circolo degli Artisti

Wunderbarer, **alternativ angehauchter Klub**, in dem regelmäßig Live-Konzerte stattfinden. Auch sonst herrscht dank der guten Musik und der guten, günstigen Drinks immer eine Superstimmung. Im Sommer wird der Betrieb ins Freie verlegt. Wie so viele Lokale in Rom im August und September geschlossen.

Via Casilina Vecchia 42 · Bus 105, 810 · +39 06/70 30 56 84 · www.circoloartisti.it · Tgl. 7–4 Uhr

* Gente di San Lorenzo

In der elegant-rustikalen Mischung aus **Weinbar und Cafeteria** in einem urigen

»Schlemmen auf Zeit« lautet das Erfolgsrezept im gemütlichen »AntiCafé«. Unbedingt ausprobieren!

Das »Lanificio« fällt auf mit seinen bunt zusammengewürfelten Möbeln, die in einem eleganten Rahmen präsentiert werden. Und die Barkeeper hier sind echte Profis!

Mauergewölbe fühlt man sich sofort wohl. Das Lokal hat den ganzen Tag bis tief in die Nacht geöffnet, und gegen 18.30 Uhr gibt es zum Drink ein paar Häppchen. Im Sommer kann man auch nett draußen sitzen.

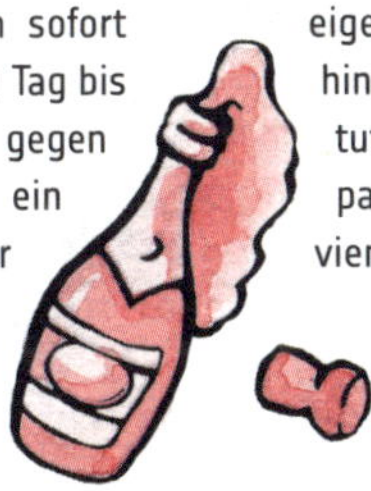

Via degli Aurunci 42 · Bus 71, Tram 3, 19 · +39 06/445 11 62 · Mo–Sa 7–2, Sa, So 15–2 Uhr · Bier ab 6 €

Lancelot

Die ideale Adresse für einen geselligen Abend im Studentenviertel San Lorenzo. Im Keller des großen, im Schottenstil eingerichteten **Pubs** ist immer was los. Als Snack werden leckere Salamibrote und riesige Oliven serviert. An einigen Tischen werden Karten oder Gesellschaftsspiele gespielt.

Via Dei Volsci 77 · Bus 171, 492 · +39 06/445 46 75 · Tgl. 19–2 Uhr

Lanificio

Zwischen den Fabrikhallen eines ehemaligen Industrieviertels liegt die alte Wollspinnerei Lanificio, die zu einem faszinierenden multifunktionalen Veranstaltungsort umgebaut wurde. Der **Bar-Restaurant-Klub** verfügt über einen eigenen Ausstellungsraum, und hinter der riesigen Fensterfront tut sich ein zauberhaftes Flusspanorama auf, das an Skandinavien erinnert. Am Wochenende empfehlenswerter Brunch.

Via di Pietralata 159 · Bus 211 · +39 06/41 78 00 81 · www.lanificio.com · Mo–Do 12.30–15, 19.30–23, Fr, Sa bis 1 Uhr

Locanda Atlantide

In diesem von außen eher unscheinbaren Klub in San Lorenzo herrscht eine lockere **Partyatmosphäre**! Touristen verirren sich

Das »Necci« war einst Treffpunkt der Intellektuellen Roms. Mittlerweile hat es sich zu einem In-Lokal gemausert. →

allerdings eher selten hierher. Der Eintritt ist für eine römische Disko erstaunlich günstig.

Via dei Lucani 22b ▪ Metro: Manzoni ▪ +39 06/44 70 45 40 ▪ www.locandatlantide.com ▪ Mo–Fr 21.30–3, Sa, So 12–16, 19–2 Uhr ▪ Eintritt 5 €

✳ Necci dal 1924

Die **Restaurant-Bar** liegt etwas versteckt, aber hat man sie einmal entdeckt, will man gar nicht mehr weg. Die Wände in dem stylishen Lokal mit toller Terrasse sind mit Filmaufnahmen gepflastert, denn hier hat vor vielen Jahren der bekannte Regisseur Pier Paolo Pasolini gedreht. Das Essen ist sehr gut und mitunter teuer, zu empfehlen ist daher das Happy-Hour-Büfett.

Via Fanfulla da Lodi 68 ▪ Tram 5, Bus 81 ▪ +39 06/97 60 15 52 ▪ www.necci1924.com ▪ Tgl. 8–1 Uhr

Geht gar nicht

In Italien wird im Lokal nie getrennt abgerechnet. Wer sich die Rechnung teilen will, sollte sich daher vorher absprechen. In Rom zahlt man übrigens *alla romana*, d. h. jeder zahlt den gleichen Anteil.

✳ Os Club

Eleganter Klub mit herrlicher Beleuchtung und einem Pool. Zum Komplex gehören ein Restaurant, eine Livebühne und die **Diskothek**. Das Essen im Restaurant ist gut, trotzdem empfiehlt sich vor allem das reichhaltige Happy-Hour-Büfett. Mit Limousinen-Service!

Via delle Terme di Traiano 4a ▪ Metro: Colosseo ▪ +39 06/48 93 03 79 ▪ www.osclub.it ▪ Di–Fr 7–2, Sa, So 12–16, 19–2 Uhr ▪ Happy-Hour-Büfett ab 15 €

✻ Qube

Die **Riesendisko** befindet sich in einer alten Fabrikhalle im Stadtteil Tiburtina und ist bekannt für ihre schrillen Travestie-Shows. Beliebter Hotspot der LGBT-Szene, aber das Publikum ist sehr gemischt. Es finden Konzerte statt und im Sommer ein renommiertes Jazzfestival. Unbedingt ins Programm auf der Website schauen!

Via di Portonaccio 212 · Metro: Tiburtina · +39 06/438 54 45 · www.qubedisco.com · Do–Sa 22.30–5 Uhr · Eintritt 15 €

↑ *Das »Tuba« bietet seiner weiblichen Zielgruppe nicht nur Bio-Weine, sondern auch intellektuelles Futter in Form einschlägiger Bücher.*

✻ Tuba Bazar

Die stilvoll eingerichtete **Frauen-Bar** mit klitzekleinem, süßem Innenhof ist etwas ganz Besonderes. In den Regalen stehen ausschließlich Bücher mit Frauenthemen. Es liegen einige Gegenstände aus, die auf den ersten Blick wie Kosmetikartikel wirken, sich bei näherem Hinsehen jedoch als erotisches Spielzeug entpuppen.

Via del Pigneto 39a · Tram 5, 14 · +39 06/70 39 94 37 · www.cybertuba.org · Tgl. 17–2 Uhr (Sommer), 16–0 Uhr (Winter) · Bio-Wein ab 4 €

Übernachten

Rom bietet unendliche viele Übernachtungsmöglichkeiten. Gerade im Osten und rund um den Hauptbahnhof gibt es günstige Hotels und B&Bs in zentraler Lage, bei denen das Preis-Leistungs-Verhältnis stimmt. Zudem ist es hier nicht so laut wie im Zentrum. Bei den B&Bs handelt es sich meistens um größere, familiär geführte Privatwohnungen, in denen man sich als Rombesucher so richtig heimisch fühlt. Da kann es schon mal vorkommen, dass zwischen Gastgeber und Gästen echte deutsch-italienische Freundschaften entstehen.

Casa Anita

Ein kleines, süßes Nest mitten im trendigen Künstlerviertel San Lorenzo. Das sehr geschmackvoll eingerichtete **B&B** verfügt über drei Zimmer und eine Küche. Das »weiße«, »blaue« und »lilafarbene« Zimmer sind jeweils mit Klimaanlage, TV und Internetanschluss ausgestattet.

Via degli Enotri 16 · Metro: Termini · +39 06/34 93 25 78 48 · www.casaanitaroma.com · DZ ab 50 €

Foresteria Roma

Die große, einfache **Jugendherberge** befindet sich mitten in San Lorenzo in ruhiger Lage mit guter Verkehrsanbindung. Knapp 15 Minuten Fußweg zum Hauptbahnhof Termini und damit zur Endstation der Shuttlebusse zum Flughafen. Die Zimmer sind sauber, nur das Frühstück ist spartanisch. Alles bei sehr günstigen Preisen und freundlichem Personal.

Via degli Apuli 41 · Metro: Vittorio Emanuele · +39 06/44 74 06 23 · www.foresteriaroma.com · DZ ab 50 €

Gaia's Room

Wer nach echt italienischem Ambiente sucht, ist in diesem **B&B** im Viertel San Lorenzo an der richtigen Adresse! Zimmer und Bad sind mit viel Geschmack eingerichtet und sehr sauber. Zum italienischen Frühstück gibt es u. a. frische süße Teilchen. Sehr freundliche, bemühte Gastgeber.

! Übernachtungstrends in der Ewigen Stadt

In den letzten Jahren sind sowohl die Standards als auch die Anzahl an Unterkünften in Rom stark gestiegen, und die Hotels müssen sich richtig anstrengen, um ihre Gäste nicht an die mittlerweile sehr komfortablen B&Bs zu verlieren. Doch wie und wo übernachtet man am besten in Rom? In der zentralen Altstadt oder in den ruhigeren Wohnvierteln? Elegant und modern oder einfach und billig? Um die Urlaubskasse zu schonen, lohnt es sich, last minute zu buchen: Oft bekommt man ein Doppelzimmer schon für ca. 80 € die Nacht.

In Trendhotels wie dem »Deko Rome« (www.dekorome.com) sind die Zimmer individuell eingerichtet, z.B. im Glamourstil der 1960er-Jahre. Andere Häuser wie das »Portrait« (www.lungarnocollection.com) bestechen durch eine traumhafte Terrasse – und wieder andere, etwa das »Il Grillo ai Fori Romani« (www.grillo.freshcreator.com), durch eine Superlage.

Trotzdem sind B&Bs in Rom derzeit absolut en vogue. Die »Residenza Scipioni« (www.residenzascipioni.com) oder das »Al Colonato« (www.bedandbreakfast-di-roma.com) im Stadtteil Prati bieten den gleichen Komfort wie ein Hotel, sind dabei jedoch viel persönlicher. Für allein reisende Frauen bietet sich die Frauenherberge »Foresteria Orsa Maggiore« (S. 112) an.

Überhaupt sind Unterkünfte in Klöstern neuerdings sehr gefragt. Eine Liste mit entsprechenden Adressen stellt das Pilgerzentrum Rom zur Verfügung (www.pilgerzentrum.net). Die Preise liegen bei 30 bis 50 € pro Person.

Auch Ferienwohnungen stehen inzwischen hoch im Kurs, des »Einheimischen-Gefühls« wegen. Die schönen Apartments von »Rome Vatican Vacation« (S. 113) im edlen Stadtteil Prati und »FEWOLA« (S. 46) in der Altstadt werden übrigens von netten deutschen Frauen vermittelt.

Piazza di Porta Maggiore 6 • Metro: Vittorio Emanuele • +39/33 36 34 12 05 • www.gaiasroom.it • DZ ab 100 €

Hotel Amalfi

Etwa zehn Minuten vom Hauptbahnhof entfernt an der Via Merulana gelegen. In der Umgebung gibt es einige empfehlenswerte Restaurants wie »Da Michele« oder »Da Nino«. Das **Hotel** verfügt über eher kleine Zimmer, allerdings mit allem Komfort (WLAN, Safe, Minibar, Flatscreen-TV).

Via Merulana 278 • Metro: Termini • +39 06/474 43 13 • www.hotelamalfiroma.it • DZ ab 79 €

Hotel Lancelot

Das familiengeführte, ruhige **Drei-Sterne-Hotel** in einer Superlage unweit des Kolosseums ist eine Mischung aus Antiquitäten, Charme, Privatsphäre und Komfort. Die Suite im 6. Stock bietet einen spektakulären Blick auf das antike Rom, und man kann auf der privaten Terrasse hervorragend seinen morgendlichen Kaffee oder den abendlichen Wein genießen.

Via Capo d'Africa 47 • Metro: Cavour • +39 06/70 45 06 15 • www.lancelothotel.com • ab 134 €

Hotel Villa San Lorenzo Maria

Die schon etwas in die Jahre gekommene Villa liegt im Herzen des Studentenviertels San Lorenzo mit vielen fußläufigen Ausgehmöglichkeiten. Das **Drei-Sterne-Hotel** verfügt über einen schönen kleinen Innenhof mit gemütlichen Sitzgelegenheiten – perfekt, um in der Happy Hour den Sightseeingtag ausklingen zu lassen. Sehr zuvorkommendes Personal.

Via dei Liguri 7 • Metro: Manzoni • +39 06/446 99 88 • www.villasanlorenzo.com • DZ ab 75 €

I Pini di Roma

In den **Zimmern und Wohnungen** ist alles sauber, neu und chic und die Eigentümer sind unheimlich freundlich. Superlage mit guter öffentlicher Verkehrsanbindung. Das Kolosseum befindet sich beispielsweise nur 15 Minuten vom Hotel entfernt, und auch die traumhafte Via Appia Antica erreicht man in kürzester Zeit.

Via Pistoia 9 • Metro: Re di Roma • +39 06/64 85 08 91 • www.pinidiroma.com • DZ ab 49 €

Sehr grün wirkt das »Lancelot« von außen, und auch innen setzen die Betreiber auf eine freundliche Atmosphäre mit Blumen und Pflanzen.

La Finestra sul Colosseo

»Das Fenster zum Kolosseum« lautet der Name dieses **B&Bs** übersetzt. Die Bilder auf der Website lügen nicht – die Zimmer sind hell, geräumig, sehr modern und geschmackvoll eingerichtet. Tolles Frühstück und obendrein ein herrlicher Blick aufs Kolosseum. Obwohl die Zimmer auf die belebte Straße hinausgehen, sind sie dank neuer Fensterdämmung schön ruhig.

Via Labicana 72 • Metro: Colosseo • +39/38 91 26 43 01 • www.lafinestrasulcolosseo.com • DZ ab 80 €

Laterani Suite

Gut gelegenes **B&B** unweit des Krankenhauses. Hier fühlt man sich schnell heimisch. Sehr guter Service, das Frühstück in der Snackbar auf der anderen Straßenseite ist im Preis inbegriffen. Neue und komfortable Zimmer mit toller Aussicht auf San Giovanni, auch wenn in dieser Ecke ab und zu mal eine Krankenwagensirene aufheult.

Piazza di San Giovanni in Laterano 26 • Metro: S. Giovanni • +39 06/33 31 08 29 82 • www.lateranisuite.it • DZ ab 74 €

Mr. Rome

Zentral, aber ruhig gelegene **Jugendherberge** gleich an der U-Bahnstation

S. Giovanni und ca. 15 Minuten Fußweg vom Kolosseum entfernt. Gutes Frühstück und eigene Kochgelegenheit. Die Angestellten sind sehr nett und hilfsbereit, und die einfachen, sauberen Zimmer verfügen allesamt über Klimaanlagen.

Via Umberto Biancamano 23 · Metro: S. Giovanni · +39/32 95 89 47 68 · www.mr-rome.it · EZ ab 32 €

Re di Roma

Wer sich in einem **Hotel** sicherer fühlt, ist hier bestens aufgehoben. Mit der nur wenige Gehminuten entfernten U-Bahn ist man schnell im touristischen Zentrum und wohnt trotzdem in der Nähe weniger bekannter Einkaufsstraßen wie Via Appia Nuova oder Via Tuscolana mit ihren zahlreichen Einkehrmöglichkeiten. Wer Glück hat, ergattert ein Zimmer mit Terrasse oder Balkon.

Sehr viel näher an der belebten Piazza San Giovanni in Laterano ist man, wenn man sich in der »Laterani Suite« einquartiert hat. →

Via Vercelli 21 · Metro: Re di Roma · +39 06/70 30 25 01 · DZ ab 70 €

Tuttidamari

In dem schönen, gemütlichen **B&B** in ruhiger Lage ist man nachts weit genug weg vom Trubel der Stadt und trotzdem nur eine kurze U-Bahn-Fahrt vom Zentrum entfernt. Saubere, sehr schön eingerichtete Zimmer und guter Service. Morgens wird ein leckeres Frühstück serviert.

Via Taranto 21 · Metro: S. Giovanni · +39/38 05 21 22 44 · www.tuttidamari.it · DZ ab 70 €

Rom von A bis Z

Anreise

→ **Mit der Bahn**

Jede Nacht fahren Direktzüge von Deutschland (München) oder Österreich (Innsbruck, Wien) nach Rom. Die meisten Personenzüge kommen am Hauptbahnhof, der Stazione Termini, an. Einige nationale Züge halten auch an anderen Bahnhöfen wie San Pietro, Ostiense, Trastevere, Tuscolana oder Tiburtina. Am Hauptbahnhof, der direkt in der Innenstadt liegt, hat man Anschluss zur U-Bahn (Metro), zur S-Bahn (Ferrovia Urbana COTRAL und Ferrovia Metropolitana) sowie zu den wichtigsten Buslinien.

→ **Mit dem Flugzeug**

Derzeit verbinden zahlreiche Direktflüge täglich München, Berlin, Frankfurt/Main, Düsseldorf, Köln/Bonn, Wien, Zürich, Genf und Basel sowie wöchentlich Hamburg, Lugano, Bern, Stuttgart, Hannover und Nürnberg mit dem Flughafen Leonardo da Vinci in Fiumicino (ca. 25 km von Rom entfernt). Der Flughafen Ciampino (15 km von Rom entfernt) wird von Frankfurt/Hahn, Düsseldorf/Weeze, Karlsruhe/Baden, Leipzig/Halle und Memmingen angeflogen.

Von Fiumicino kommt man am schnellsten mit dem Direktzug Leonardo-Express für 14 € zum Hauptbahnhof Termini (halbstündlich); ab Ciampino fahren Shuttlebusse ins Zentrum, die zwischen 4 und 8 € kosten (www.sitbusshuttle.com).

Von beiden Flughäfen verkehren mittlerweile die günstigen Terravision-Busse (ab 4 €, www.terravision.eu). Für ein Taxi von Fiumicino in die Innenstadt zahlt man zwischen 40 und 50 €; von Ciampino ab 30 €.

→ **Mit dem Auto**

Das Tempolimit auf Italiens Autobahnen liegt bei 130 km/h. Auf italienischen und österreichischen Autobahnen zahlt man Mautgebühren.

Bargeld und Karten

In Rom kann man in fast allen Geschäften, Hotels, Supermärkten und Restaurants mit Karte zahlen, trotzdem wird in einigen Lokalen und auf vielen Märkten nur Bargeld akzeptiert.

Besuchertickets

→ **Roma Pass**

Für 36 € gewährt der Roma Pass drei Tage lang freien Eintritt in zwei Museen oder archäologische Stätten nach Wahl (gilt nicht für die Vatikanischen Museen) sowie die kostenlose Benutzung aller öffentlichen Verkehrsmittel im Gesamtnetz. Den Pass gibt's direkt in den meisten Museen, an den Touristen-Informationsschaltern (P.I.T.), in den ATAC-Büros, am Hauptbahnhof Stazione Termini und am Flughafen Fiumicino (www.romapass.it).

→ **Archeo Card**

Mit der Archeo Card für 25 € hat man sieben Tage lang Eintritt zu folgenden Sehenswürdigkeiten: Colosseo, Palatino und Foro Romano, Terme di Caracalla, Villa dei Quintili, Mausoleo di Cecilia Metella; außerdem zu den Standorten des Museo Nazionale Romano: Palazzo Massimo, Palazzo Altemps, Crypta Balbi, Terme di Diocleziano. Die Karte ist direkt in den teilnehmenden Museen erhältlich.

Briefmarken

Die sogenannten *francobolli* kauft man in Italien bei der Post oder in Tabakgeschäften.

Diplomatische Vertretungen

→ Deutsche Botschaft: Via di San Martino della Battaglia 4 • Metro: Castro Pretorio • +39 06/49 21 31 • www.rom.diplo.de

→ Deutsche Botschaft beim Heiligen Stuhl: Via di Villa Sacchetti 4–6 • Bus 52 • +39 06/80 95 11 • www.vatican.diplo.de

Essen und Trinken

Die Restaurants in Rom schließen oft gegen 15 Uhr und öffnen dann erst wieder ab 19.30 Uhr. Man zahlt *alla romana*, d. h. der Kellner rechnet nur einmal für den gesamten Tisch ab und jeder zahlt den gleichen Anteil. Wenn man getrennt bezahlen möchte, kann man den Kellner bitten, ausnahmsweise »il conto separatamente«, also eine getrennte Rechnung, auszustellen.

Fahrrad- und Mopedverleih

- Bici & Baci (www.bicibaci.com)
- Roma Rent Bike (www.romarentbike.com)
- Roma Rent Scooter (www.romarentscooter.it): Mopeds und Vespas

Feiertage

- 1. Januar: Capo d'Anno (Neujahr)
- 6. Januar: Epifania (Heilige Drei Könige)
- Lunedi di Pasqua (Ostermontag)
- 25. April: Liberazione d'Italia (Tag der Befreiung Italiens)
- 1. Mai: Festa del Lavoro (Tag der Arbeit)
- 2. Juni: Festa della Repubblica Italiana (Tag der Republik)
- 15. August: Ferragosto (Mariä Himmelfahrt)
- 1. November: Ognissanti (Allerheiligen)
- 11. November: Waffenstillstand 1918
- 8. Dezember: Immacolata (Maria Empfängnis)
- 25. und 26. Dezember: Weihnachten

Filme zur Einstimmung

- *Der talentierte Mr. Ripley*, 1999, mit Matt Damon
- *Ein Herz und eine Krone*, 1953, mit Audrey Hepburn und Gregory Peck
- *La Grande Bellezza – Die große Schönheit*, 2013, Regie: Paolo Sorrentino
- *To Rome With Love*, 2012, Regie: Woody Allen

Hotels

Der italienische ist mit dem deutschen Hotelstandard nicht zu vergleichen. Vor allem in älteren Gebäuden gibt es immer wieder Probleme mit maroden Leitungen und Rohren, sodass das Wasser oft unterschiedliche Temperatur hat.

Im Pilgerzentrum Rom ist unter anderem eine Liste von Klöstern erhältlich, die Zimmer an Touristen vermieten (www.pilgerzentrum.net).

Internet

Auch wenn die meisten Hotels inzwischen WLAN anbieten, kann es immer wieder zu Problemen mit dem Netz kommen.

→ Alternativ gibt es in den folgenden Bars und Cafés Internetzugang, teils kostenlos (Auswahl): »The Library«, Vicolo della Cancelleria 7 (www.thelibrary.it); »Café Friends«, Piazza Trilussa 34; »Good Bar«, Via di San Dorotea 8–9

→ Internetcafés: »Easy Everything«, Via Barberini 2 (www.easyeverything.com); »Sistina Internet Point«, Via Zucchelli 1d; »Globalservice«, Piazza Sonnino 27

Klima/Reisezeit

Am schönsten ist Rom im Mai und September, denn im Juli und August steigt das Thermometer oft auf über 35 °C und das Sightseeing wird zur Qual. Die Römer fliehen vor der Hitze übrigens ans Meer.

Medizinische Versorgung

→ Notarzt und Krankenwagen: Tel. 118

→ 24-Stunden-Apotheken: Piazza del Cinquecento 51 (Stazione Termini) und Via Cola di Rienzo 213 (Prati).

→ *Pronto soccorso* (Erste Hilfe) ist in allen Krankenhäusern gratis. Außerdem gewährt die europäische Versicherungskarte EHIC Anspruch auf Schutz bei zusätzlichen Behandlungen (teilweise mit Zuzahlung).

Mietwagen

Wer sich traut, in Rom Auto zu fahren, sollte den Carsharing-Dienst car2go ausprobieren. Mit der Member-Card, die man bei der Anmeldung erhält, geht es ganz einfach und unkompliziert: buchen, einsteigen, fahren, abstellen. Macht Spaß, spart Geld und hilft der Umwelt (www.car2go.com).

Notrufnummern

→ Polizei (*Carabinieri*): Tel. 112

→ Feuerwehr: Tel. 115

→ Notarzt: Tel. 118

→ Staatspolizei (*Polizia di Stato*): Tel. 113

→ Autodiebstahl: Questura, Via Genova 2, Tel. +39 06/468 61
→ Auto abgeschleppt (*Rimozione*): Vigili Urbani, Via della Consolazione 4, Tel. +39 06/676 91

Öffentliche Toiletten

In Rom leider Mangelware! Es empfiehlt sich, die Toiletten der Lokale zu nutzen, wo man zu Mittag isst oder eine Kaffeepause einlegt.

Öffentlicher Nahverkehr

Der Preis für die Nutzung der öffentlichen Verkehrsmittel liegt bei 1,50 € pro Fahrt. Das Ticket ist 75 Minuten lang in sämtlichen Bus-, Tram- und Metro-Linien bis zur Endhaltestelle gültig (eine Fahrt ans Meer kostet also nur 1,50 €). Abstempeln nicht vergessen: einmal zu Fahrtbeginn und noch einmal, wenn man das Verkehrsmittel wechselt.
Tagesticket 6 €, 3-Tages-Ticket 16,50 €, Wochenticket 24 € (müssen alle nur einmal abgestempelt werden).
Die Züge verkehren von ca. 5.30 Uhr bis 23.30 Uhr im 5-Minuten-Takt.

Öffnungszeiten

Die Öffnungszeiten sind auch in Rom flexibler geworden. Die meisten Läden haben täglich von 9 bzw. 10 bis 19.30 bzw. 20 Uhr geöffnet, einige schließen im Sommer zwischen 13 und 16 bzw. 17 Uhr.
Die eiserne Regel lautet: Montag morgens nie! Denn da haben außer den Lebensmittelläden alle Geschäfte bis etwa 16 Uhr geschlossen.

Stadtführungen

→ www.romamirabilia.com
→ www.stadtfuehrungen-in-rom.com
→ Gourmet-Touren: www.gourmetaly.com
→ Jogging-Touren: www.sightjogging.it
→ Fahrrad-Touren: www.bicibaci.com
→ Die Initiative »Roma Cristiana« bietet Stadtführungen mit historisch-religiösem Schwerpunkt an, die sowohl mit dem Open Bus als auch zu Fuß möglich sind (www.operaromanapellegrinaggi.org).

Stadtrundfahrten

→ **Linie 110 Open (No Stop)**

Bei einer Stadtrundfahrt in den offenen roten Doppeldeckerbussen kann man sich einen ausgezeichneten Überblick über die wichtigsten Sehenswürdigkeiten der Stadt verschaffen. Im Bus sind Audioguides (u. a. auf Deutsch) erhältlich. Die Abfahrt findet täglich zwischen 8.40 Uhr und 19.40 Uhr alle 20 Minuten an der Piazza del Cinquecento statt. Eine Runde ohne Aussteigen dauert etwa zwei Stunden. Unterschiedliche Streckenführung an Feiertagen! Die aktuellen Preise liegen bei 15 €, die Tickets kann man direkt im Bus oder an den Infokiosken »Trambus Open« erwerben (z. B. Stazione Termini, Colosseo).

→ **Linie 110 Open (Hop-On, Hop-Off)**

Für einen Aufpreis ist während der Rundfahrt mit der Linie 110 auch ein beliebiges Ein- und Aussteigen an den vorgesehenen Haltestellen möglich. Momentan zahlt man für ein 24 Stunden gültiges Ticket (»Ticket ventiquattro ore«) 20 € und für ein 48 Stunden gültiges Ticket (»Ticket quarantotto ore«) 25 €. Weitere Informationen auf der Website: www.trambusopen.com.

→ **Rome Open Tour**

Eine sehr gute Alternative zur Linie 110 sind die grünen Busse der Rome Open Tour. Hier wird nicht zwischen Wochen- und Feiertagen unterschieden, und während der Rundfahrt ist das Ein- und Aussteigen an den vorgesehenen Haltestellen jederzeit möglich. Eine komplette Rundfahrt ohne Aussteigen dauert etwa 1,5 bis 2 Stunden. Der Bus verkehrt täglich zwischen 9 und 23 Uhr ab der Piazza del Cinquecento und der Piazza S. Pietro; die Abfahrt erfolgt alle 25 Minuten. Die letzten Touren starten an der Stazione Termini und am Petersplatz jeweils um 21 Uhr. Derzeit sind Tickets ab 18 € (24 Stunden gültig) bzw. ab 22 € (48 Stunden gültig) erhältlich (www.romeopentour.it).

→ **Archeobus**

Der Bus fährt täglich die wichtigsten antiken Sehenswürdigkeiten und Ausgrabungsstätten im Zentrum und an der Via Appia Antica an. Leider finden am Tag nur acht Fahrten statt: Um 8.30 Uhr, 9 Uhr, 9.30 Uhr und 10 Uhr sowie 15 Uhr, 15.30 Uhr, 16.00 Uhr und 16.30 Uhr geht es los. Abfahrt ab Piazza del Cinquecento, Ein- und Aussteigen jederzeit erlaubt. Derzeit kostet das Ticket 20 € (24 Stunden gültig).

Taschendiebstahl

Man kann es nicht oft genug erwähnen: In Rom wimmelt es von Taschendieben. Die Betrüger erkennen ihre Opfer (meist Touristen) schon von Weitem und sind geübt darin, einem in Sekundenschnelle die Geldbörse aus der Tasche zu ziehen, während ein Komplize um Geld bettelt. Oft sind es auch Frauen und sogar Kinder, die im Vorbeilaufen oder in öffentlichen Verkehrsmitteln blitzschnell die Riemen von Schulter- und Umhängetaschen durchschneiden.

Taxi

Man sollte darauf achten, nur konzessionierte Taxis mit Nummer und Beschriftung zu nutzen. Zentralen: Tel. +39 06/35 70, +39 06/49 94, +39 06/55 51

Tourismusbüros

Die Informationsstellen für in- und ausländische Rombesucher heißen P.I.T. (Punti Informativi Turistici, www.060608.it). An den Schaltern mit mehrsprachigem Personal sind Informationsbroschüren über das touristische und kulturelle Angebot der Stadt erhältlich. Außerdem kann man hier spezielle Besuchertickets wie »Roma Pass« und »Roma & Più Pass« sowie Metro-Tickets, Stadtpläne, Tickets für Schifffahrten auf dem Tiber und Stadtrundfahrten erwerben.

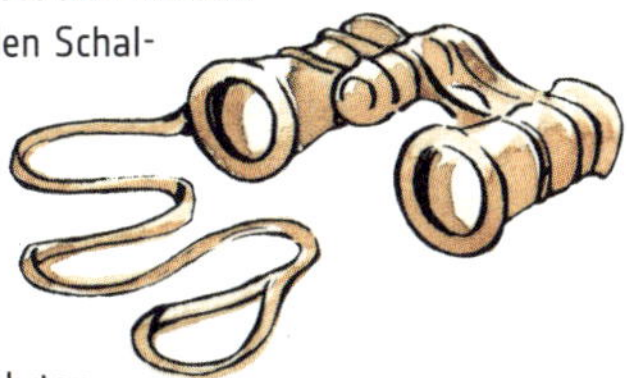

Die P.I.T.-Stellen sind in der gesamten Altstadt von Rom verteilt sowie in den meisten Bahn- und Flughafen-Terminals vertreten.

→ P.I.T. Barberini, Via di San Basilio 51, Mo–Fr 9.30–19 Uhr
→ P.I.T. Castel Sant'Angelo, Lungotevere Vaticano (Piazza Pia), tgl. 9.30–19 Uhr
→ P.I.T. Flughafen Ciampino, Ankunftsbereich der internationalen Flüge, Gepäckausgabe, tgl. 9–18.30 Uhr
→ P.I.T. Flughafen Fiumicino, Ankunftsbereich der internationalen Flüge im Terminal 3, tgl. 8–19.30 Uhr
→ P.I.T. Fori Visitor Center, Via dei Fori Imperiali, tgl. 9.30–19 Uhr
→ P.I.T. Minghetti, Via Marco Minghetti (Via Minghetti), tgl. 9.30–19 Uhr
→ P.I.T. Navona, Piazza delle Cinque Lune (Piazza Navona), tgl. 9.30–19 Uhr
→ P.I.T. Nazionale, Via Nazionale, in der Nähe des Palazzo delle Esposizioni, tgl. 9.30–19 Uhr
→ P.I.T. Ostia Lido, Lungomare Paolo Toscanelli/Ecke Piazza Anco Marzio, tgl. 9.30–19 Uhr (nur von Mai–Sept. geöffnet)

- → P.I.T. Portico d'Ottavia, Via Santa Maria del Pianto 1, tgl. 8–18 Uhr
- → P.I.T. San Pietro, Largo del Colonnato, tgl. 9–17 Uhr
- → P.I.T. Termini, Via Giovanni Giolitti 34 im Gebäude F – Gleis 24, tgl. 8–19.30 Uhr
- → P.I.T. Tiburtina, Stazione Tiburtina, tgl. 9.30–19 Uhr

Trinkgeld

Wenn man zufrieden war, gibt man im Restaurant ca. fünf bis zehn Prozent Trinkgeld. Dabei wird das Geld einfach nach dem Bezahlen auf dem Tisch hinterlassen.

Trinkwasserbrunnen

Über die ganze Stadt verteilt gibt es mehr als 2000 Trinkwasserbrunnen. Noch heute wird Rom aus denselben Quellen versorgt wie in der Antike. Das Wasser ist von bester Qualität und kann problemlos getrunken werden. Dies gilt allerdings nicht für die großen Springbrunnen!

Vorwahlen

Die Vorwahl von Italien aus Deutschland, Österreich und der Schweiz lautet 0039. Sämtliche Ortsvorwahlen werden inklusive der 0 gewählt, die römischen Nummern beginnen mit 06.

Register

Straßennamen

Sehenswürdigkeiten

Impressum

Verantwortlich: Stephanie Iber
Illustrationen: Cornelia Seelmann, Berlin
Redaktion: Viola Siegemund, München
Korrektorat: Anke Höhne, München
Layoutkonzept und Umschlaggestaltung: coverdesign uhlig, Augsburg
Layout und Satz: VerlagsService Gaby Herbrecht, Mindelheim
Repro: Repro Ludwig, Zell am See
Kartografie: Huber Kartographie, München
Herstellung: Bettina Schippel, Barbara Uhlig
Printed in Germany by cpi books

★★★★★

Sind Sie mit diesem Titel zufrieden? Dann würden wir uns über Ihre Weiterempfehlung freuen.
Erzählen Sie es im Freundeskreis, berichten Sie Ihrem Buchhändler oder bewerten Sie beim Onlinekauf.
Und wenn Sie Kritik, Korrekturen oder Aktualisierungen haben, freuen wir uns über Ihre Nachricht an Bruckmann Verlag, Postfach 40 02 09, 80702 München oder per E-Mail an lektorat@verlagshaus.de.

Unser komplettes Programm finden Sie unter www.bruckmann.de

Umschlagrückseite: Leckereien bei »Castroni« (Martina Kliem, Rom)

Bildnachweis: S. 17 o.: Shutterstock (www.shutterstock.com)/Gabrieli, M.; 17 u.: Shutterstock/futureGalore; 18: Casa di Goethe; 21 o.: Shutterstock/Bucchi, F.; 21 u.: Shutterstock/unknown1861; 23: Shutterstock/Lopatin, V.; 27: Picta Porcellane; 29: QUELLILA della Bottega Artigiana; 32 o., 32 u.: Ciao Checca; 35: La Fenice; 41: Shutterstock/Kastelic, M.; 43: mauritius images, Mittenwald/Alamy; 47: Hotel Mancino 12; 48 o.: MADE IN ROME/Walter Franzõ; 48 u.: Hotel Scalinata di Spagna; 55: Casa del Cinema; 59: Martina Kliem; 60: Livia Crispolti; 61: La Rinascente; 64 o.: Shutterstock/Belova, C.; 64 u.: Shutterstock/Tupungato; 67: Shutterstock/Chaloemphan; 71: Hammam Balkis; 75: Musacchio & Ianniello; 76: Casina Valadier/Giorgio Amendola; 89: Shutterstock/f11photo; 90: Shutterstock/Boule; 91: mauritius images/Alamy; 96 o., 96 u.: Ottorino Stefanini; 99 o., 99 u.: Patrick Richmond Nicholas; 107: mauritius images/Alamy; 108: mauritius images/Alamy; 111: Shutterstock/Balasko, R.; 121: Shutterstock/Gabrieli, M.; 123: Shutterstock/Benedictus; 124: Shutterstock/Lopatin, V.; 128, 129: mauritius images/Alamy; 133: La Silviana; 135: Shutterstock/Radacsi, P.; 141: Ketumbar; 151: Shutterstock/euclem; 152: Moris Puccio; 153: Shutterstock/PerseoMedusa; 155: MyriamB; 157: Shutterstock/eZeePics Studio; 159: Shutterstock/Nick_Nick; 161: SAID dal 1923; 165: AntiCafè; 166 o., 166 u.: Lanificio/Roberto Fellicõ; 167: Necci dal 1924; 169: Tuba Bazar; 173 o., 173 u.: Hotel Lancelot; 175: Shutterstock/Tupungato

Die Deutsche Nationalbibliothek verzeichnet diese Publikation in der Deutschen Nationalbibliografie; detaillierte bibliografische Daten sind im Internet über http://dnb.d-nb.de abrufbar.

ISBN 978-3-7654-8728-6

In gleicher Reihe erschienen

ISBN 978-3-7654-6820-9

ISBN 978-3-7654-8233-5

ISBN 978-3-7654-8725-5

ISBN 978-3-7654-6808-7

ISBN 978-3-7654-8883-2

ISBN 978-3-7654-8727-9

ISBN 978-3-7654-8232-8

ISBN 978-3-7654-8726-2

ISBN 978-3-7654-8728-6